13.50

Henk Bruggeman

Näher beim Vater

Henk Bruggeman

Näher beim Vater

Da bist du zu Hause!

GloryWorld-Medien

1. Auflage 2021

Bibelzitate sind, falls nicht anders gekennzeichnet, der Elberfelder Bibel, Revidierte Fassung von 1985, entnommen. Weitere Bibelübersetzungen:

HFA: Hoffnung für alle, Basel und Gießen, 1983
JNT: David Stern, das jüdische Neue Testament, Hänssler 1994
LUT: Lutherbibel, Revidierte Fassung von 2017
SLT: Schlachter 2000
NLB: „Neues Leben. Die Bibelübersetzung“, Holzgerlingen, 2017

Außerdem wurden verschiedene englische Bibelübersetzungen direkt ins Deutsche übersetzt:

TMB: Aus der englischen Bibelübertragung „The Message: The Bible in Contemporary Language“ von Eugene Peterson, NavPress, 2002, direkt ins Deutsche übersetzt.
AMP: Aus der englischen Bibelübertragung „Amplified® Bible“, The Lockman Foundation, 1987, direkt ins Deutsche übersetzt
TPT: The Passion Translation © 2017, 2018 by Passion & Fire Ministries, Inc.

Hervorhebungen sind vom Autor

Das Buch folgt den Regeln der Deutschen Rechtschreibreform. Die Bibelzitate wurden diesen Rechtschreibregeln angepasst.

Übersetzung: Markus Amolsch,
Lektorat/Satz: Manfred Mayer
Umschlaggestaltung: KoningKleur – Erwin van Deutekom / Markus Amolsch
Foto: www.depositphotos.com
Druck: arkadruk.pl

Printed in the EU

ISBN: 978-3-95578-392-1
Bestellnummer: 356392

Erhältlich beim Verlag:

GloryWorld-Medien
Beit-Sahour-Str. 4
D-46509 Xanten
Tel.: 02801-9854003
Fax: 02801-9854004
info@gloryworld.de
www.gloryworld.de

oder in jeder Buchhandlung

Stimmen zum Buch

Unabhängig zu sein, ist in unserer Gesellschaft des 21. Jahrhunderts sehr populär: Anderen nicht zur Last fallen, gut für dich selbst sorgen können, deine finanziellen Angelegenheiten gut geregelt haben. Darum streben viele danach, selbstständiger und mündiger zu werden, mehr Selbstvertrauen zu entwickeln und dadurch in Freundschaften und Beziehungen freier sein zu können. Durch die (sozialen) Medien erhält dieses Streben eine Bühne, wodurch es für andere zu einer einflussreichen Quelle der Inspiration wird. Für viele unserer Mitmenschen bedeutet dieses Verlangen nach völliger Unabhängigkeit, dass der Gedanke von Gott als Schöpfer nicht mehr zu ihrer Überzeugung passt. Er wird als Ballast empfunden, der schnellstmöglich als „überholter Unsinn" abgeworfen werden muss.

Henk Bruggeman beschreibt in seinem neuen Buch „Näher beim Vater" eine Art zu leben, die genau konträr dazu ist, aber ebenso große Auswirkungen auf uns und unsere Umgebung hat. Indem wir völlig abhängig von unserem Schöpfer sind, können wir in unserem persönlichen Leben erst richtig zur Blüte kommen und damit eine Quelle der Inspiration und ein Segen für andere sein. Henk versteht es, dem Leser auf eine scharfsinnige und humorvolle Weise Einblick in das Leben biblischer Personen zu geben, die die Wahrheit von Jesu Worten „Ohne mich könnt ihr nichts tun" in der Praxis erfahren haben. Es ist fesselnd zu lesen, wie Menschen wie Petrus und Paulus dadurch persönlich geformt wurden und für ihre Umgebung letztendlich ein „salzendes" Salz wurden. Der Autor bezieht sich auch auf Geschehnisse aus seinem eigenen Leben, um dem Leser seinen persönlichen Wachstumsprozess in die Abhängigkeit von Gott vor Augen zu führen.

Im Mittelpunkt dieses Wachstumsprozesses steht die Liebe unseres himmlischen Vaters und die Bestimmung, für die er den Menschen geschaffen hat: Als Söhne und Töchter mit ihm zu wandeln, wobei er uns immer wieder einlädt, die Intimität mit ihm zu suchen. Denn durch das Opfer seines Sohnes Jesus Christus ist der Zugang zu seinem Vaterherzen wieder möglich! Durch seinen Geist offenbart unser himmlischer Vater in diesem Prozess nach und nach immer mehr von sich selbst und werden wir Träger seines Bildes.

Durch ein falsches Bild von Gott finden sich viele Christen jedoch in verkrampften Anstrengungen wieder, um dem, was der Vater von seinen Kindern erwartet, aus eigener Kraft gerecht zu werden. Henk versteht es, diese falschen Bilder in treffender Weise zu beschreiben und zu enttarnen. Wenn Gott uns sein Vaterherz offenbart, wird unser Gehorsam ihm gegenüber eine tiefe Liebestat für ihn; wenn unser Herz nicht berührt wurde und wir probieren, Jesus nachzufolgen, dann folgen wir nur einem auferlegten Gebot.

Mit diesem Buch erhalten wir außerdem eine wichtige prophetische Botschaft von dem Weg, den der Herr in der heutigen Zeit mit Israel und der Gemeinde geht, und welche Rolle das „Offenbarwerden der Söhne Gottes“ (vgl. Röm 8,19) darin spielt.

Wie schon beim Lesen von Henks erstem Buch „Das Herz des Vaters entdecken“, wurde ich auch bei diesem Buch von den wunderbaren Offenbarungen vom Vaterherzen Gottes bewegt. Jedem, der auf der Suche nach einem tieferen Leben mit ihm ist, kann ich „Näher beim Vater“ daher nur wärmstens empfehlen. Lieber Leser, auch an dir möge sich Paulus' Gebet erfüllen, *„dass der Gott unseres Herrn Jesus Christus, der Vater der Herrlichkeit, euch gebe [den] Geist der Weisheit und Offenbarung in der Erkenntnis seiner selbst“* (Eph 1,17).

Arjan van den Bijgaart
Stiftung Ecovata/Oisterwijk, Niederlande

Henk Bruggeman hat großartige Arbeit darin geleistet, uns Offenbarung darüber zu vermitteln, was es wirklich bedeutet, in der Freiheit der Sohnschaft zu leben, statt in der Gebundenheit eines Sklaven.

Ich muss bekennen, dass, als ich gebeten wurde, Henks erstes Buch „Das Herz des Vaters entdecken" zu lesen und eine Rezension dazu zu schreiben, ich mich fragte, ob wir noch ein Buch über das „Vaterherz Gottes" brauchten. Ich merkte schnell, dass es nicht einfach nur ein weiteres Buch zu diesem Thema war, sondern dass es wohl die klarste Offenbarung ist, die ich darüber jemals gelesen habe.

Ich weiß, dass ich ein Beispiel davon bin, wie es ist, in Intimität zu leben und die Liebe vom Vater zu erfahren. Dadurch durfte ich in den vergangenen gut zwanzig Jahren tiefe Offenbarungen in diesem Punkt empfangen. Zu meiner Überraschung und auch Freude, hat Henk mich durch seine eigene Erfahrung und seinen persönlichen Lebenswandel *mit* dem Vater tiefer in meine eigene Reise zum Herzen des Vaters eintauchen lassen. „Das Herz des Vaters entdecken" musste man einfach gelesen haben, wenn man das Vaterherz Gottes wirklich tiefer kennenlernen wollte. Darum kann ich dir auch Henks neuestes Buch „Näher beim Vater" nur wärmstens empfehlen.

Kenn Gott
Redner, Autor und Gründer von *House of Prayer Europe*

Inhalt

Sei beim Lesen dieses Buches gesegnet!

Henk Bruggeman

Vorwort

Ich bin noch immer am Lernen!

Schon seit mehr als zwanzig Jahren liegt mein Schwerpunkt nur auf der Offenbarung des Vaterherzens Gottes. Mit der Zeit habe ich neue Erkenntnisse empfangen, sogar mehr als ich jemals erwartet hätte. Ich staune jedes Mal wieder, wenn ich mehr darüber entdecke, wie er wirklich ist.

Es ist mir gelungen, diese Offenbarungen in Worten auszudrücken und sie sogar in Form von Büchern aufzuschreiben. Trotzdem merke ich, dass diese Entdeckungen an sich noch immer nicht ausreichen. Jedes Mal, wenn ich die Worte betrachte, darüber spreche und schreibe, ist es, als würden sie einen neuen Zugang finden, um in mein Herz vorzudringen. Das ist an sich schon eine Offenbarung für mich, die mir erst vor Kurzem aufging. Jetzt verstehe ich auch besser, weshalb ich schon so lange, Jahr für Jahr, über dasselbe „Thema" sprechen kann, ohne mich zu langweilen. Es berührt und verändert mich noch immer. Aber es hat auch Konsequenzen für den Leser und Zuhörer.

Du kannst die Worte, die ich spreche, hören, sie aufnehmen und dadurch gesegnet werden. Dein Herz kann davon berührt werden, und du kannst sogar Heilung empfangen. Aber meine Worte allein werden nie genug für dich sein. Die Worte, die geradewegs aus dem Herzen des Vaters kommen, müssen deine Worte werden!

Die Offenbarungen, die ich empfange, die Worte, die ich weitergeben darf, sind als Wegweiser gedacht, die allesamt zum Herzen des Vaters weisen. Die Absicht dahinter ist, dass du diese Worte selbst hören kannst, direkt vom Vater, und dass du danach anfängst, diese Worte, Gedanken und Bilder selbst anderen weiterzugeben. Indem du das tust, wird dies eine doppelte Wirkung haben. Sie werden anderen als Wegweiser dienen und diese werden dadurch gesegnet werden, und gleichzeitig werden sie auch tiefer in dein eigenes Herz eindringen.

Darum trägt dieses neue Buch den Titel „Näher beim Vater".

Henk Bruggeman

Einführung

Nachdem mein erstes Buch, „Das Herz des Vaters entdecken“, erschienen war, wusste ich, dass es eine Fortsetzung geben würde. Diese hältst du nun in Händen. Im ersten Buch habe ich betont, dass man die Bibel auf unterschiedlichste Weise lesen kann. Man kann sie sozusagen durch verschiedene Brillen lesen. Das zu wissen ist wichtig, weil es weitreichende Folgen hat für das Bild, das wir von Gott haben. Wenn du zum Beispiel die vier Wörter „Adam, wo bist du?“ durch die Brille eines strengen Vaters liest, dann hörst du einen zornigen Gott. Liest du diese Worte dagegen durch die Brille eines Vaters, der gerade seine Kinder verloren hat, dann eröffnet sich dir ein völlig anderes Bild von Gott als Vater.

In meinem ersten Buch habe ich aufgezeigt, an welcher Stelle ein falsches Bild von Gott in uns entstanden ist. Das ist oft ein unbewusster Prozess. Um diese Bilder korrigieren zu können, brauchen wir eine Offenbarung darüber, wie Gott wirklich ist. Aber wir brauchen auch Offenbarung, um zu erkennen, wo wir noch an alten Bildern von Gott festhalten, damit wir uns davon verabschieden und uns auf die neuen einlassen können.

„Näher beim Vater“ baut auf einigen grundlegenden Offenbarungen über Gottes Vaterherz auf, die ich in „Das Herz des Vaters entdecken“ beschrieben habe. Ich werde des Öfteren gefragt, wie ich diese Offenbarungen empfange oder entdecke. Es hängt manchmal damit zusammen, dass ich gebeten werde, über ein bestimmtes Thema im Licht des Vaterherzens Gottes zu sprechen. Wenn ich mich dann mit diesem Thema auseinandersetze, kann es sein, dass ich überraschende

Entdeckungen mache. Es kommt auch vor, dass ich einen Bibeltext aufschlage und daraufhin einen anderen Text lese, der in der Nähe steht, und plötzlich merke, wie sich die Dinge zusammenfügen. Ich bin dann nicht auf eine Offenbarung aus, sondern sie widerfährt mir einfach.

Des Weiteren habe ich Offenbarungen empfangen, indem ich sehr gezielte Fragen an Gott gestellt habe. Manchmal lese ich einen Abschnitt aus der Bibel, in dem ich das liebevolle Herz des Vaters nicht gleich entdecken kann. Ich habe mir angewöhnt, Gott dann zu fragen: „Lese ich das eigentlich richtig? Was willst du mit diesem Abschnitt sagen?" So bekam ich zum Beispiel ein völlig anderes Bild vom Gleichnis von den fünf klugen und den fünf törichten Jungfrauen und dem darauffolgenden Gleichnis von den anvertrauten Talenten. Darüber habe ich in meinem ersten Buch geschrieben.

Im vorliegenden Buch schreibe ich darüber, wie wir Gott als unseren Vater besser kennenlernen können. Das geschieht nicht durch das bloße Lesen. Ich möchte dich in den folgenden Kapiteln dazu ermutigen, das jeweils Gelesene auf dich anzuwenden. Dadurch eignest du dir nicht nur Kopfwissen an, sondern es kann für dich zu einer persönlichen Erfahrung werden. Wir können uns erst dann näher beim Vater, bei ihm zuhause, fühlen, wenn wir ihn kennengelernt haben und ihm vertrauen.

Vielleicht sagt der eine oder andere jetzt: „Aber ich vertraue Gott doch schon." Aus Erfahrung kann ich jedoch sagen, dass man oft noch näher beim Vater sein kann. Häufig hat das mit verborgenen Bildern von Gott zu tun, die, manchmal unbewusst, irgendwo in meinem Herzen oder meinem Denken vorhanden waren. Auf diese Weise habe ich erkannt, dass ich nicht nur Offenbarung darüber brauche, wer Gott ist, sondern auch darüber, wer ich bin. Das gilt zum Beispiel für das bekannteste Gebet der Welt, das „Vaterunser". Davon handelt das erste Kapitel. Zu diesem Gebet hatte ich immer eine gewisse Distanz. Ich konnte nicht so viel damit anfangen. Es berührte mein Herz nicht mehr, bis …

Gerne nehme ich dich mit auf eine Entdeckungsreise zu neuen Offenbarungen. Diese Reise hat mich oft über Gottes Güte und Größe staunen lassen. Ich hoffe, dass du dich an diesem Buch erfreuen kannst und dass es dich tatsächlich unserem liebevollen Vater näherbringt, dorthin, wo sein Herz dir noch mehr offenbaren kann.

KAPITEL 1

Das Vaterunser

Israel, ich wollte dich zu meinem geliebten Kind machen und dir ein herrliches Land geben, das prächtigste weit und breit. Ich dachte, du würdest mich dann „Vater" nennen und dich nicht mehr von mir abwenden.

Jeremia 3,19 HFA

Das Vaterunser

Ich möchte dieses Buch mit einer Herausforderung beginnen, nämlich dass wir neue *Offenbarungen* aus dem Vaterherzen Gottes empfangen. Das wünsche ich mir. Das ist der Zweck dieses Buches. Ich möchte aus der Offenbarung heraus schreiben, statt einen bestimmten Bibeltext zu erklären. Das ist es, was wir in dieser Zeit so dringend brauchen. Leben aus der Offenbarung.

Dieses Kapitel handelt vom „Vaterunser". Das ist wohl einer der bekanntesten Texte aus der Bibel, aber ich hoffe, dass ich dir eine neue Perspektive aufzeigen kann. Jesus lehrte uns, dieses Gebet zu beten, und du findest es im Matthäusevangelium. Ich muss ehrlicherweise zugeben, dass ich für lange Zeit nicht so recht wusste, was ich mit diesem Gebet anfangen sollte. Für mich war es ein vorformuliertes Gebet, doch freie Gebete liegen mir mehr. Ich weiß, dass es viele Leute gibt, die es täglich beten. Aber oft ist es zu einer Tradition geworden, statt eines wirklichen Gesprächs mit Gott. Und wie geht es wohl Gott damit? Ich konnte mir nur schwer vorstellen, dass er sich noch immer freuen und davon überraschen lassen würde, wenn er – zum x-ten Mal – dieses Gebet hörte.

So bekannt das Vaterunser auch ist, aber wissen wir eigentlich, warum Jesus ausgerechnet diese Worte gewählt hat? Könnten wir vielleicht doch noch neue Aspekte an diesem Gebet entdecken, obwohl wir es schon unzählige Male gelesen und gesprochen haben?

Wie schon gesagt, hatte mich dieses Gebet nie sonderlich angesprochen. Ich bin damit aufgewachsen, wie so viele mit mir. Und trotzdem kann ich mich nicht erinnern, früher jemals darüber gesprochen zu haben. Das hat sich inzwischen geändert. Es begann mit einer Vaterherzkonferenz in Veendam (Niederlande), zu der David und Faith Daley eingeladen waren und die gut besucht war. Zu den Besuchern gehörten auch einige Mitglieder einer der örtlichen Baptistengemeinden. Als die Woche vorbei war, meinten einige von ihnen, sie würden gerne mehr über das Vaterherz Gottes hören. Schon bald fiel mein Name, und so kam es, dass ich eines Tages einen Anruf des Pastors erhielt, ob ich dazu bereit wäre, ab und zu an einem Sonntag zu sprechen. Ich stimmte zu und danach sprach ich mehr oder weniger regelmäßig in der Baptistengemeinde in Veendam.

Irgendwann erhielt ich eine Mail mit der Bitte, mich mit meiner Predigt dem Monatsthema anzuschließen. Das sollte ja keine große Sache sein, nachdem mein Thema das Vaterherz Gottes war und ich gebeten wurde an dem Sonntag zu sprechen über ... das Vaterunser!

Meine erste Reaktion: Nein!!! Ich kann mit dem Vaterunser nicht viel anfangen, was soll ich denn dazu sagen? Ich kann es vorlesen, ich kann es sogar auswendig aufsagen, aber sonst? Also schrieb ich in meiner Mail als Antwort: „Natürlich werde ich das gerne tun ...!“ In dem Moment stellte ich mich vor vollendete Tatsachen. Das war der Anfang einer überraschenden Entdeckungsreise.

Das Gebet

Obwohl viele dieses Gebet auswendig können, schreibe ich es hier trotzdem nochmal für dich auf.

> *Darum sollt ihr ihnen nicht gleichen. Denn euer Vater weiß, was ihr bedürft, bevor ihr ihn bittet.*
> *Darum sollt ihr so beten:*
> ***Unser** Vater im Himmel!*
> ***Dein Name werde geheiligt.***
> *Dein Reich komme. Dein Wille geschehe wie im Himmel so auf Erden.*
> ***Unser** tägliches Brot gib **uns** heute.*
> *Und vergib **uns unsere** Schuld, wie auch wir vergeben **unsern** Schuldigern.*
> *Und führe **uns** nicht in Versuchung, sondern erlöse **uns** von dem Bösen. [Denn dein ist das Reich und die Kraft und die Herrlichkeit in Ewigkeit. Amen.]*
> *Denn wenn ihr den Menschen ihre Verfehlungen vergebt, so wird euch euer himmlischer Vater auch vergeben.*
> *Wenn ihr aber den Menschen nicht vergebt, so wird euch euer Vater eure Verfehlungen auch nicht vergeben*
> (Mt 6,8-15 LUT).

Nun drängt sich die Frage auf, was eigentlich der wirkliche Sinn dieses Gebets ist. Warum hat Jesus es uns gelehrt? Und warum sind dies Worte, die direkt aus dem Herzen des Vaters kommen?

Nachdem ich es selbst auch noch ein paar Mal gelesen hatte, überlegte ich, ob es etwas gab, das mir wirklich auffiel. Und meine Aufmerksamkeit wurde auf das Wort „unser“ gelenkt. *Unser* Vater ... Ich hatte es schon so oft gelesen, so oft ausgesprochen, doch plötzlich berührte es mein Herz. Jesus spricht hier von *seinem* Vater, doch ganz von Anfang an macht er deutlich, dass wir daran teilhaben dürfen. Sein Vater will auch unser Vater sein! Überrascht von der Emotion, die in meinem Herzen entstand, hielt ich etwas inne, um diese Wahrheit auszukosten. Aber dann fiel mir gleich danach noch etwas auf. In dem kompletten Gebet wird von *uns* gesprochen. Es geht also nicht nur um die Beziehung zu Jesus, sondern auch um die Beziehung zu uns als Menschen, als Gläubige. Genauso verhält es sich mit unserem Vater. Er möchte auch *unser* Vater sein.

Und dann heißt es weiter: „*Unser* tägliches Brot gib *uns* heute. Und vergib *uns unsere* Schuld, wie auch wir vergeben *unsern* Schuldigern. Und führe *uns* nicht in Versuchung, sondern erlöse *uns* von dem Bösen." In nur fünf Versen wird das Wort „uns" hier wohlgemerkt achtmal genannt! In unserer individualistischen Welt wäre es passender, wenn wir stattdessen die Wörter „mir" und „mich" benutzen würden. „Gib mir, führe mich, vergib mir, wie auch ich ..." Aber das steht da nicht. Da steht „uns". Und plötzlich sah ich etwas, das mir so noch nie aufgefallen war. Jesus stellt uns unserem Vater vor. Und gleich danach verdeutlicht er, wie wichtig es ist, dass wir zusammen die Familie dieses Vaters sind. Jesus lehrt uns kein auf uns bezogenes Gebet (mein Vater ... mein tägliches Brot gib mir heute), sondern legt die Betonung darauf, zusammen der Leib zu sein.

Warum ist das so wichtig?

Hier wird die Basis dafür gelegt, zusammen „Gemeinde zu sein". In diesem Gebet liegt das Bild von Gemeinde und ihrer *gemeinsamen* Beziehung mit dem Vater verborgen.

Schauen wir uns dieses wohlbekannte Gebet noch näher an. Ich überspringe für den Moment einen Teil, auf den ich später noch zurückkomme. Das Nächste, worüber ich nachdachte, war: „Unser tägliches Brot gib uns heute ..." Warum ist es Jesus so wichtig, dass wir in diesem Gebet um unser tägliches Brot bitten? Warum Brot? Die Hälfte der Weltbevölkerung isst kein Brot, sondern Reis! Warum nicht zwei unterschiedliche

„Vaterunser“, eins für Brot und eins für unsere tägliche Portion Reis?

Wenn ich in meinen Seminaren über das Vaterunser spreche, frage ich, ob es Leute gibt, die dieses Gebet an einem Tag nicht gebetet haben. Es gehen dann immer viele Hände hoch. Aber wenn ich danach frage, ob sie an diesem Tag trotzdem Brot gegessen haben, erhalte ich auch immer eine bestätigende Antwort. Also gibt es Menschen, die um Brot bitten, aber Reis bekommen, und es gibt Menschen, die nicht beten und trotzdem Brot bekommen ...

Was für einen Grund hatte Jesus, diesen Abschnitt in sein Gebet für uns aufzunehmen?

Zuallererst denke ich, dass Jesu Ziel nicht war, dass wir nach dem Motto beten: „Sorge bitte für Brot, damit wir leben können.“ Ich glaube auch nicht, dass er sagte: „Bitte ja für Brot, sonst bekommst du nichts ...!“ Tatsächlich geht es nicht in erster Linie ums Essen ...

Was will Jesus uns lehren?

Warum ist es Jesus so wichtig, dass wir um unser Brot bitten?

Ich habe in der Bibel nach der Stelle gesucht, wo zum ersten Mal von Brot die Rede war. Während einer Konferenz stelle ich auch immer die Frage, wo das steht. Einige der häufigsten Antworten sind dann: Das Brot, das Abraham den Fremden anbietet, die vorbeikommen. Und natürlich das Manna, das Gott für das Volk Israel in der Wüste vom Himmel regnen lässt. Darauf komme ich nachher noch zurück, aber das ist nicht das erste Mal, dass in der Bibel von Brot die Rede ist. Es ist interessant, dass Gott schon direkt nach dem Sündenfall von „Brot essen“ spricht.

> *Und zu Adam sprach er: Weil du auf die Stimme deiner Frau gehört und gegessen hast von dem Baum, von dem ich dir geboten habe: Du sollst davon nicht essen! – so sei der Erdboden deinetwegen verflucht: Mit Mühsal sollst du*

davon essen alle Tage deines Lebens; und Dornen und Disteln wird er dir sprossen lassen, und du wirst das Kraut des Feldes essen! ***Im Schweiße deines Angesichts wirst du [dein] Brot essen****, bis du zurückkehrst zum Erdboden, denn von ihm bist du genommen. Denn Staub bist du, und zum Staub wirst du zurückkehren!* (1 Mose 3,17-19).

Hier lesen wir, dass wir unser Brot nach dem Sündenfall essen werden, aber nur unter einer bestimmten Bedingung: aus eigener Kraft! Das ist völlig anders, als es am Anfang war. Es gibt genau wieder, was sich durch den Sündenfall verändert hat. Ab dem Moment, als Gott den Menschen schuf, gab es eine Einheit zwischen Gott dem Vater und seinen Kindern. Sie waren miteinander verbunden und Gott sorgte für seine Kinder. Das tat er gerne, und so teilte er alles, was er hatte, mit seinen Kindern.

Durch die Sünde hat eine Entfremdung stattgefunden. Wir sind in eine Stellung der *Unabhängigkeit* von Gott geraten. Durch diese Entfremdung konnte der Vater nicht mehr so für seine Schöpfung sorgen, wie er das gerne getan hätte. Der Mensch war jetzt auf sich selbst angewiesen, und das Einzige, das ihm blieb, war seine eigene Kraft! „Im Schweiße deines Angesichts wirst du Brot essen …"

Die gesamte Schöpfung ist in diese Situation geraten. Aber es scheint, als habe der Vater noch etwas eingeplant, damit wir alle die Erfahrung machen können, wie es ursprünglich gedacht war und wie es einmal wieder sein wird. Es ist im Mutterschoß, dass wir nicht für uns selbst sorgen müssen. Dort wird in allem völlig für uns gesorgt. Wir befinden uns vor unserer Geburt in einer Situation der völligen Abhängigkeit. Es ist, als wollte der Vater uns allen diese Erfahrung als Basis mitgeben und als würde darin die Verheißung einer hoffnungsvollen Zukunft liegen – einer Zukunft, in der einmal alles wiederhergestellt sein wird.

Jetzt zurück zu unserem Text aus dem Gebet.

Was Jesus uns hier eigentlich lehrt, ist nicht, dass wir beten sollen, damit der Vater uns insbesondere mit Brot versorgt, sondern dass wir beten: Vater, versorge uns! Sorge für uns, damit wir uns darüber keine Sorgen machen müssen, und damit du dich als der Vater offenbaren kannst, der für seine Kinder sorgt! Diese Tatsache finden wir auch in Matthäus 6, wo Jesus uns sagt, dass wir nicht besorgt sein sollen.

> *So seid nun nicht besorgt, indem ihr sagt: Was sollen wir essen? Oder: Was sollen wir trinken? Oder: Was sollen wir anziehen? Denn nach diesem allen trachten die Nationen;* ***denn euer himmlischer Vater weiß, dass ihr dies alles benötigt****. Trachtet aber zuerst nach dem Reich Gottes und nach seiner Gerechtigkeit!* ***Und dies alles wird euch hinzugefügt werden*** (Mt 6,31-33).

Was Jesus uns hier mit seinem Gebet eigentlich lehrt, ist Folgendes: Der Fluch ist gebrochen! Jesus hat dafür gesorgt, dass die Beziehung zwischen Gott dem Vater und seinen Kindern wiederhergestellt werden konnte. Wo der Ungehorsam von Adam und Eva die Entfremdung zur Folge hatte, hat der Gehorsam Jesu für die Wiederherstellung gesorgt. Das lesen wir in dem Brief, den Paulus an die Römer schrieb:

> *Denn wie durch des einen Menschen Ungehorsam die vielen [in die Stellung von] Sündern versetzt worden sind, so werden auch durch den Gehorsam des einen die vielen [in die Stellung von] Gerechten versetzt werden* (Röm 5,19).

Wie Jesus das getan hat, lesen wir im Johannesevangelium:

> *Da antwortete Jesus und sprach zu ihnen: Wahrlich, wahrlich, ich sage euch: Der Sohn kann nichts von sich selbst tun, außer was er den Vater tun sieht; denn was der tut, das tut ebenso auch der Sohn* (Joh 5,19).

Was ist mit Adam und Eva schiefgegangen? Sie wollten Gott gleich sein, *ohne* von ihm abhängig zu sein. Darum kam Jesus, um genau das, was schiefgegangen war, wiederherzustellen. Er entschied sich freiwillig dafür, als Mensch in *völliger* Abhängigkeit vom Vater zu leben.[1]

Das Manna

Weiter oben habe ich versprochen, noch auf die Stelle zurückzukommen, die vom Manna handelt. In 2. Mose 16 lesen wir, dass Gott dort eigentlich schon mit seinem Wiederherstellungsplan angefangen hat. Anstelle von Brot, um das sie sich „im Schweiße ihres Angesichts" abmühen müssen, lässt Gott es einfach vom Himmel regnen.

> *Da sprach der HERR zu Mose: Siehe, ich will euch Brot vom Himmel regnen lassen. Dann soll das Volk hinausgehen und den Tagesbedarf täglich sammeln, damit ich es auf die Probe stelle, ob es nach meinem Gesetz leben will oder nicht. Am sechsten Tag aber, wenn sie zubereiten, was sie einbringen, wird es geschehen, dass es das Doppelte von dem sein wird, was sie tagtäglich sammeln* (2 Mose 16,4-5).

Hier sehen wir ganz klar das Herz von Gott als Vater. Er ist ein Vater, der sagt: „Mir ist schon klar, dass ich gesagt habe, dass sie ‚im Schweiße ihres Angesichts' Brot essen werden. Und mir ist auch klar, dass das erst durch Jesus wirklich verändert und wiederhergestellt werden kann ... Aber es ist mein Volk, sie sind meine Kinder. Sie müssen die Wanderung durch die Wüste doch überleben können!" Und so gibt ihnen Gott schon mal einen Vorgeschmack davon, wie es in der Zukunft sein wird. Aber Gott will nicht nur, dass sein Volk lernt, dass er für das tägliche Brot sorgt. Er möchte auch, dass das Volk lernt, noch ein anderes Prinzip zu begreifen.

---

[1] In meinem Buch „Das Herz des Vaters entdecken" habe ich ausführlich darüber geschrieben.

Und Mose sagte zu ihnen, Niemand lasse [etwas] davon übrig bis zum Morgen! Aber sie hörten nicht auf Mose, sondern einige ließen [etwas] davon bis zum Morgen übrig; da verfaulte es [durch] Würmer und stank. Da wurde Mose zornig über sie (2 Mose 16,19-20).

Er möchte sein Volk lehren, was es bedeutet, in eine wiederhergestellte Position der Abhängigkeit von ihm zu kommen. Indem sie nur sammeln, was sie für einen Tag brauchen, können sie lernen, dass ihr Vater im Himmel vertrauenswürdig ist, dass er jeden Tag aufs Neue für sie sorgen möchte. In Johannes 6 spricht Jesus vom Manna, für das Gott in der Wüste gesorgt hat, und sagt dabei klar und deutlich, dass das Manna nur ein Bild dessen ist, was noch kommen wird. Wie es weitergeht, können wir hier lesen.

***Ich bin das Brot des Lebens.** Eure Väter haben das Manna in der Wüste gegessen und sind gestorben. Dies [aber] ist das **Brot,** das aus dem Himmel herabkommt, damit man davon isst und nicht stirbt. **Ich bin das lebendige Brot,** das aus dem Himmel herabgekommen ist; wenn jemand von diesem **Brot** isst, wird er leben in Ewigkeit. Das **Brot** aber, das ich geben werde, ist mein Fleisch für das Leben der Welt* (Joh 6,48-51).

Der Vater hat – durch Jesus – unser Bedürfnis gestillt. Er *ist* das lebendige Brot. Aber es geht noch weiter. Jesus sagt uns, dass der Vater nicht nur für uns sorgen will, sondern dass er auch wiederherstellen will, was durch den Sündenfall verloren gegangen ist.

[...] aber vom Baum der Erkenntnis des Guten und Bösen, davon darfst du nicht essen; denn an dem Tag, da du davon isst, musst du sterben! (1 Mose 2,17).

Im Schweiße deines Angesichts wirst du [dein] Brot essen, bis du zurückkehrst zum Erdboden, denn von ihm bist du genommen. Denn Staub bist du, und zum Staub wirst du zurückkehren! (1 Mose 3,19).

Adam und Eva sündigten und aßen von der Frucht des Baumes der Erkenntnis von Gut und Böse. Dadurch kam der Tod in die Welt. Aber jetzt sagt Jesus: „Ich habe etwas zu essen, durch das dieser Mechanismus aufgehoben wird. Dadurch weicht der Tod und du bekommst das (ewige) Leben wieder zurück!" In diesen Texten ist natürlich auch zu erkennen, dass Jesus auf das Abendmahl Bezug nimmt. Damit gedenken wir, dass er für uns gestorben und dadurch der Fluch gebrochen, weggenommen ist. Jesus hat die Strafe getragen.

Die Juden stritten nun untereinander und sagten: Wie kann dieser uns sein Fleisch zu essen geben? Da sprach Jesus zu ihnen: Wahrlich, wahrlich, ich sage euch: Wenn ihr nicht das Fleisch des Sohnes des Menschen esst und sein Blut trinkt, so habt ihr kein Leben in euch selbst. Wer mein Fleisch isst und mein Blut trinkt, hat ewiges Leben, und ich werde ihn auferwecken am letzten Tag; denn mein Fleisch ist wahre Speise, und mein Blut ist wahrer Trank. Wer mein Fleisch isst und mein Blut trinkt, bleibt in mir und ich in ihm. Wie der lebendige Vater mich gesandt hat, und ich lebe um des Vaters willen, [so] auch, wer mich isst, der wird auch leben um meinetwillen. Dies ist das Brot, das aus dem Himmel herabgekommen ist. Nicht wie die Väter aßen und starben; wer dieses Brot isst, wird leben in Ewigkeit. Dies sprach er, als er in der Synagoge zu Kapernaum lehrte (Joh 6,52-59).

Zeit zum Nachsinnen

Vielleicht hilft es, an dieser Stelle eine Pause einzulegen oder sich das Gelesene nochmals vorzunehmen. Wie wunderbar, zu erkennen, was hier geschrieben steht! Welche Tiefe steckt doch in den Worten „Unser tägliches Brot gib uns heute" aus dem Vaterunser! Wie sehr bin ich dem Baptistenpastor aus Veendam doch dankbar, dass er mich damals bat, über das Vaterunser zu sprechen! Was für ein großartiges Gebet!

Aber es geht noch viel weiter.

Gott wollte den Israeliten in der Wüste beibringen, dass sie ihm vertrauen können. Darum durften sie immer nur Manna für einen Tag sammeln. Nun möchte der Vater uns dasselbe Vertrauen beibringen. Er möchte so gerne, dass du weißt, dass er jeden Tag für dich da ist, um für dich zu sorgen.

> *Unser tägliches Brot gib* ***uns*** *heute* (Mt 6,11 LUT).

Wir haben schon darüber gesprochen, dass Jesus uns nicht einfach für uns selbst beten lässt. In dem gesamten Gebet betont er das Wort *uns* in der Mehrzahl. Darauf geht auch Paulus im Korintherbrief weiter ein.

> *Der Kelch des Segens, den wir segnen, ist der nicht die Gemeinschaft des Blutes Christi? Das Brot, das wir brechen, ist das nicht die Gemeinschaft des Leibes Christi?* ***Denn ein Brot ist's. So sind wir, die vielen, ein Leib,*** *weil wir alle an einem Brot teilhaben* (1 Kor 10,16-17 LUT).

Wunderbar! Wir dürfen zusammen teilhaben an Jesus, der das Brot des Lebens ist.

Zu guter Letzt schauen wir uns noch etwas an, das Jesus uns über „Brot" sagt. Das war, als er in der Wüste vom Teufel versucht wurde.

> *Und Jesus antwortete ihm: Es steht geschrieben: „Nicht vom Brot allein soll der Mensch leben."* (Lk 4,4).

Dieser Vers verweist auf das 5. Buch Mose, wo Gott mit der Wiederherstellung begonnen hatte.

> *Und er demütigte dich und ließ dich hungern. Und er speiste dich mit dem Man, das du nicht kanntest und das deine Väter nicht kannten, um dich erkennen zu lassen, dass der*

Mensch nicht von Brot allein lebt. Sondern von allem, was aus dem Mund des HERRN hervorgeht, lebt der Mensch (5 Mose 8,3).

Die *Passion*-Übersetzung drückt es auf eine wunderschöne Weise aus:

Leben entspringt nicht nur dem Essen von Brot, sondern Gott. Leben fließt aus jeder Offenbarung, die aus seinem Mund kommt (Lk 4,4 TPT).[2]

Es ist natürlich großartig, hier das Zusammenspiel zu sehen, das in Jesus zu finden ist. Ja, er ist das Brot des Lebens, und ja, er ist auch das lebendige Wort! Und beide möchte er nicht für sich behalten. Nein, er möchte alles, was er ist, mit uns teilen.

Jesus verbrachte, vom Heiligen Geist geführt, vierzig Tage in der Wüste. Dort aß er nichts. In Jesu schwächstem Moment versuchte der Teufel, ihn zu verführen. Nämlich als er Hunger hatte. Er sagte zu Jesus: „Wenn du wirklich der Sohn Gottes bist, dann beweise es und verwandle diese Steine in Brot!" Wo ist hier der Haken, der „giftige Stachel"? Jesus hat gesagt, dass er aus sich selbst nichts tun kann und dass er nur das tut, was er den Vater tun sieht. Darin versucht Satan, ihn zu verführen. Satan versucht, Jesus dazu zu bringen zu beweisen, dass er Gottes Sohn ist. Er will ihn dazu verführen, die Kraft, die der Vater ihm gegeben hat, eigenmächtig zu benutzen. Dasselbe hat Satan, mit Erfolg, bei Adam und Eva getan. Aber bei Jesus misslingt sein Plan. Denn Jesus ließ sich die Intimität mit seinem Vater nicht streitig machen. Genau davon ist im Philipperbrief die Rede.

... der in Gestalt Gottes war und es nicht für einen Raub hielt, Gott gleich zu sein (Phil 2,6).

---

[2] *Life does not come only from eating bread, but from God. Life flows from every revelation from His mouth.*

Jesus hat seine Herrlichkeit, seine Kraft, seine Majestät, ja, alles was er war und was er besaß, im Himmel zurückgelassen, als er als Mensch auf die Erde kam. Er ist uns in allem gleich geworden. Als *Mensch* empfängt er dann, hier auf Erden, von seinem Vater den Heiligen Geist. Damit empfängt er alles, was der Vater im Grunde seines Wesens ist. Er *kann* jetzt also alles tun. Er kann Blinde heilen, Lahme wieder gehen lassen, Tote auferwecken, Stürme stillen, Brot und Fisch vermehren. Er kann alles! Doch jetzt kommt es: Jesus ist durch den Heiligen Geist zwar fähig, dies zu tun, doch mit seinem freien Willen entscheidet er sich trotzdem dafür, auch weiter in Abhängigkeit vom Vater zu leben. Dadurch wird er uns zum Vorbild. Er zeigt uns, dass wir, genau wie er, eine intime Beziehung mit dem Vater haben können, wenn wir aus dem Geist geboren werden. Aber auch, dass der Vater durch diesen Geist mit seiner Kraft durch uns wirken will. Der Vater stellt uns genau dieselbe Frage, die er Jesus stellte: „Wirst du dich trotz der Kraft, die ich dir gebe, weiterhin auf mich verlassen?“

Satan fordert Jesus dazu auf, Gottes Kraft eigenmächtig zu benutzen, indem er die Steine in Brot verwandelt. Damit kann er beweisen, dass er der Sohn Gottes ist. Das ist Satans alter Trick. Derselben Verführung hat er sich auch bei Adam und Eva bedient. Dort sagte er: „Esst von den Früchten des Baumes der Erkenntnis von Gut und Böse. Dann werdet ihr wie Gott sein.“ Damit meinte er eigentlich: Dann könnt ihr werden wie Gott, ohne von ihm abhängig zu sein! Jesus kam, um diesen Irrtum zu korrigieren. Daher sagte er zu Beginn seines Wirkens:

> *Da antwortete Jesus und sprach zu ihnen: Wahrlich, wahrlich, ich sage euch:* ***Der Sohn kann nichts von sich selbst tun****, außer was er den Vater tun sieht; denn was der tut, das tut ebenso auch der Sohn* (Joh 5,19).

Satan versucht, Jesus dazu zu verführen, die von Gott gegebene Kraft aus eigenem Antrieb zu benutzen. In dem Moment hätte Jesus die Abhängigkeit vom Vater verlassen. Adam und Eva sind darauf reingefallen, aber Jesus nicht. Stattdessen benutzt Jesus das Wort Gottes, um Satan Kontra zu geben.

Wir brauchen eine Offenbarung! (Neues Reden direkt von Gott)

In der heutigen Zeit brauchen wir in unserem Leben mehr denn je eine Offenbarung, die aus dem Herzen Gottes des Vaters kommt. Es verhält sich so, wie wir in der *Passion*-Übersetzung gelesen haben:

> *... Leben fließt aus jeder* ***Offenbarung****, die aus seinem Mund kommt* (Lk 4,4b TPT).

Nun bringen wir diesen Vers in Verbindung mit

> *Unser tägliches Brot gib uns heute* (Mt 6,11 LUT).

Dann sehen wir, dass es nicht ausreicht, einmalig Offenbarung zu empfangen. Es ist lebenswichtig für uns, bereit zu sein, *täglich* neue Offenbarung von Gott zu empfangen. Und jetzt kommt's:

Wir brauchen Offenbarung, um das Neue zu empfangen. Aber wir brauchen auch Offenbarung, um zu erkennen, was „alt" ist und was wir loslassen müssen, was ersetzt werden muss.

Es ist wichtig, dass du deine Hände zuerst leer machst, wenn du Neues empfangen willst. Das tust du, indem du das Alte loslässt. Dann kannst du dich auf das Neue einlassen, es umarmen. Wir haben in Paulus ein wunderschönes Beispiel dafür bekommen, wie das geht. Als er noch Saulus hieß, hat er Gott mit all seiner Kraft gedient. Aber das war nicht, was der Vater mit ihm vorhatte. Auf dem Weg nach Damaskus hatte er eine Begegnung mit Jesus, die sein Leben völlig veränderte. Er empfing eine neue Offenbarung. Er entschied sich, das Alte loszulassen und sich gänzlich auf das Neue einzulassen. Das Schöne daran ist, dass er diese neue Offenbarung nicht für sich allein behielt, sondern sie auch uns weitergab. So können wir das Gebet, das Paulus spricht, mit offenem Herzen empfangen!

> *... dass der Gott unseres Herrn Jesus Christus, der Vater der Herrlichkeit, euch gebe [den] Geist der Weisheit und Offenbarung in der Erkenntnis seiner selbst* (Eph 1,17).

So, das war *ein* Aspekt des Vaterunsers. Aber man könnte dazu natürlich noch viel mehr sagen. Ich habe aber nicht vor, dieses Gebet ausführlich zu behandeln. Es wurden schon genügend Bücher geschrieben, die es gut erklären. Nein, ich beschränke mich darauf, nur die Dinge herauszugreifen, die mich besonders berührt haben.

Mein heiliger Name

Natürlich steht im Vaterunser nur Eines im Mittelpunkt: der Vater! Es beginnt mit:

> *Darum sollt ihr so beten:*
> *Unser Vater im Himmel!*
> *Dein Name werde geheiligt*
> (Mt 6,9 LUT).

Als ich diesen Vers in der *Message*-Übersetzung las, war ich sehr erstaunt. Dort steht nämlich Folgendes:

> *Unser Vater im Himmel,*
> ***offenbare, wer du bist!***[3]

Als ich diese Übersetzung in *The Message* las, war mein erster Gedanke: Die Übersetzung kann nicht stimmen, sie kann nicht

[3] *Our Father in heaven, Reveal who you are.*

korrekt sein. Das war so anders als in anderen Übersetzungen. Ich konnte keine Ähnlichkeit zwischen „dein Name werde geheiligt“ und „offenbare, wer du bist“ sehen. Ich habe dann nachgeschlagen, wo in der Bibel von seinem heiligen Namen die Rede ist. Nach nur kurzer Zeit stieß ich auf Hesekiel 36. Dort spricht Gott geradezu überdeutlich von seinem heiligen Namen. Wir finden folgende Situation vor: Israel ist in der Verbannung und über die Nationen zerstreut. Obwohl sie ihr Land verlassen haben, hat Gott sie nicht verlassen. Er gebraucht den Propheten Hesekiel, um sein Wort zu seinem Volk zu sprechen. In Hesekiel 36 geht es unter anderem um den Weg und die Taten Israels, als sie noch in ihrem Land wohnten. Gott benutzt hier einen Vergleich, über den ich erstmal in Ruhe nachdenken musste.

> *Und das Wort des HERRN geschah zu mir so: Menschensohn, als das Haus Israel [noch] in seinem Land wohnte, da machten sie es unrein durch ihren Weg und durch ihre Taten, wie die Unreinheit der Absonderung war ihr Weg vor mir* (Hes 36,16-17).

Ich musste an die Frau denken, die zwölf Jahre an Blutfluss gelitten hat. In der damaligen Zeit in Israel lebte sie unter dem Gesetz. Und nach dem Gesetz ist man unrein, sobald man einen Blutfluss hat. Mehr noch: Nicht nur du, sondern auch jeder, den du berührst, wird unrein. Es geht sogar so weit, dass du unrein wirst, wenn der andere sich auf den Stuhl setzt, auf dem du saßt, oder sich auf das Bett legt, auf dem du lagst. Für diese Frau bedeutete das, dass sie zwölf Jahre lang in Isolation leben musste. Niemand durfte sie anfassen; es gab niemanden, der ihr einen Arm um die Schulter legen konnte, niemanden, mit dem sie eng vertraut sein konnte. Jetzt verstehe ich auch das Beispiel, das Gott in obenstehendem Vers benutzt. Er verglich den Weg und die Taten Israels mit jemandem, der an Blutfluss leidet, wodurch es ihm nicht möglich war, in Intimität mit seinem Volk zu treten.

Aber auch das ist noch nicht alles. Er macht deutlich, dass es hier um mehr geht als nur die Verunreinigung des Landes. Es geht um etwas, das ihn persönlich zutiefst trifft. Er sagt: „Ich habe euch unter die Völker zerstreut, aber ihr habt weitergemacht. Und dadurch habt ihr, die ihr meinen Namen tragt, meinen Namen entheiligt ..."

> *Und ich versprengte sie unter die Nationen, und sie wurden in die Länder zerstreut; nach ihrem Weg und nach ihren Taten richtete ich sie. So kamen sie zu den Nationen, [aber] wohin sie [auch] kamen, da entweihten sie meinen heiligen Namen, indem man von ihnen sagte: „Das Volk des HERRN sind diese, und aus seinem Land haben sie hinausziehen [müssen]." Da tat es mir leid um meinen heiligen Namen, den das Haus Israel unter den Nationen entweiht hatte, wohin sie [auch] kamen. Darum sage zum Haus Israel: So spricht der Herr, HERR: Nicht um euretwillen handle ich, Haus Israel, sondern um meines heiligen Namens willen, den ihr entweiht habt unter den Nationen, zu denen ihr gekommen seid. Und ich werde meinen großen, unter den Nationen entweihten Namen heiligen, den ihr mitten unter ihnen entweiht habt. Und die Nationen werden erkennen, dass ich der HERR bin, spricht der Herr, HERR, wenn ich mich vor ihren Augen an euch als heilig erweise* (Hes 36,19-23).

Das ist Gott so wichtig, dass er in nur ein paar Versen fünf Mal (!) erwähnt, dass sie seinen heiligen Namen entheiligt haben. Wenn etwas einmal wiederholt wird, ist uns klar, dass Gott es betonen möchte. Wie wichtig muss das hier also für ihn sein, wenn er es fünf Mal sagt! Ich kenne keine andere Passage in der Bibel, wo dies der Fall ist! Aber wenn es für Gott so wichtig ist, dann ist es auch wichtig zu wissen, warum.

Namensträger

Gott ist dabei, seinen Plan der Wiederherstellung umzusetzen. Von Anfang an war es seine Absicht, dass der Mensch sein *Ebenbild* ist.

> *... Lasst uns Menschen machen* ***als unser Bild, uns ähnlich!*** (1 Mose 1,26a).

Er möchte, dass wir ihn widerspiegeln, dass sein Bild durch uns sichtbar wird. Aber weil wir eine Familie sind, sind wir nicht nur Bildträger, sondern auch Namensträger. Ein Name ist etwas sehr Wichtiges. Er bringt das Wesen einer Person zum Ausdruck.

Ein Beispiel

Anneke und ich haben acht Kinder. Das war nicht immer einfach für alle acht. Es gab einige, die in der Schule einen bestimmten „Namen" hatten. Sobald eines ihrer Geschwister in die Schule kam, hieß es oft schnell: „Oh, bist du eine(r) von den Bruggemans?" Der Name Bruggeman hatte einen gewissen Ruf, und der war nicht immer sehr positiv. Das wirkte sich aber nicht nur auf die anderen Kinder aus, sondern auch das Lehrerkollegium hatte ein bestimmtes Bild von mir. Als ich mich bei einem Elterngespräch einmal als Henk Bruggeman vorstellte, war die Reaktion: „Ah, *Sie* sind Herr Bruggeman?" Dazu möchte ich anmerken, dass ich auf all das gar keinen Einfluss gehabt hatte. Ich war weder in dieser Klasse noch jemals Schüler dieser Schule gewesen. Aber ich hatte einen bestimmten Ruf, und der war nicht sonderlich positiv. Die Lehrer hatten im Zusammenhang mit dem Namen Bruggeman ein gewisses Bild im Kopf, das durch das Verhalten einiger meiner Kinder entstanden war. Woher kommt das? Weil meine Kinder Namensträger sind! Nämlich die Träger meines Namens; sie heißen alle Bruggeman.

Und so sehen wir, dass Gott vor genau demselben Dilemma steht. Seine Kinder tragen seinen Namen, und die Menschen, die seinen Kindern begegnen, meinen, ihn durch seine Kinder zu kennen! Aber wenn seine Kinder durch ihr Verhalten ein falsches Bild von ihm abgeben, hat Gott der Vater ein Problem. Und genau davon spricht Hesekiel.

Zurück zu Gott und seinem Plan

Von Beginn an sehnt sich Gott danach, Vater zu sein und auch als Vater bekannt zu sein. Aufgrund des Sündenfalls wachsen seine Kinder hier auf Erden praktisch vaterlos auf. Sie sind Waisen geworden. Das schmerzt sein Vaterherz.

Nun ist es für den Menschen schwierig, Gott kennenzulernen, weil er Geist ist und wir Fleisch sind. Paulus beschreibt dieses Problem in seinem ersten Brief an die Korinther.

> *Ein natürlicher Mensch aber nimmt nicht an, was des Geistes Gottes ist, denn es ist ihm eine Torheit, und er kann es nicht erkennen, weil es geistlich beurteilt wird* (1 Kor 2,14).

Deshalb hat Gott ein Volk auserwählt, um ihm Vater zu sein, das Volk Israel. Noch war nicht alles ideal. Wegen der Sünde konnte er noch nicht eins mit ihnen sein. Aber unter gewissen Bedingungen war es möglich, dass er unter ihnen wohnte. Sie sollten dann auch seinen Namen tragen, und so würde Gott durch sein Volk auf der Erde sichtbar sein. Auf diese Weise könnten andere Völker dann ein Bild davon bekommen, wer Gott wirklich war. So war es jedenfalls gedacht. In dem Textabschnitt aus Hesekiel sehen wir, dass es mit Israel völlig falsch läuft. Es stellt sich heraus, dass Israel nicht fähig ist, Gott in angemessener Weise zu repräsentieren. Das tut Gott weh, aber statt einer Bestrafung geht er die Sache ganz anders an. Eigentlich verkehrt er sie ins Gegenteil! Im Prinzip sagt er: Was ich von euch verlange, könnt ihr nicht tun. Es gelingt euch nicht aus eigener Kraft! Anders gesagt, ihr könnt es nicht, ohne von mir abhängig zu sein.

Gott ergreift die Initiative

Und so sagt Gott zu Hesekiel: „Sag es ihnen. Ich übernehme die Sache. Ich werde dafür sorgen, dass mein Name gereinigt wird. Und warum? Aus welchem Grund? Weil ich will, dass die Völker, die mich nicht kennen oder ein falsches Bild von mir haben, mich kennenlernen, wie ich wirklich bin."

> *Darum sage zum Haus Israel: So spricht der Herr, HERR, Nicht um euretwillen handle ich, Haus Israel, sondern um meines heiligen Namens willen, den ihr entweiht habt unter den Nationen, zu denen ihr gekommen seid. Und ich werde meinen großen, unter den Nationen entweihten Namen heiligen, den ihr mitten unter ihnen entweiht habt. Und die Nationen werden erkennen, dass ich der HERR bin, spricht der Herr, HERR, wenn ich mich vor ihren Augen an euch als heilig erweise* (Hes 36,22-23).

Diesen Absatz bringt die *Message*-Übersetzung so eindrucksvoll rüber, dass ich sie hier noch hinzufüge:

> *Darum sprich zu Israel: Botschaft von Gott, dem Herrn: Ich tue das nicht für euch, Israel. Ich tue das für mich, um meinen Charakter, meinen heiligen Namen zu schützen, den ihr noch in jedem Land, in das ihr gekommen seid, schlecht gemacht habt. Ich werde nun meinen großen und heiligen Namen offenbaren, der von euch in so vielen Ländern ruiniert wurde, da ihr ihn überall schlecht gemacht habt.*
> ***Dann werden die Nationen erkennen, wer ich wirklich bin, nämlich Gott, wenn ich meine Heiligkeit durch euch offenbare, sodass sie es alle mit ihren eigenen Augen sehen können.***[4]

---

[4] *Therefore, tell Israel, „Message of God, the Master: I'm not doing this for you, Israel. I'm doing it for me, to save my character, my holy name, which you've blackened in every country where you've gone. I'm going to put my great and holy name on display, the name that has been ruined in so many countries,*

Vielleicht ist es gut, uns nochmal vor Augen zu führen, wie Gott das Thema anschnitt: „Ihr habt das Land verunreinigt. Ihr habt meinen Namen schlecht gemacht. Ihr habt meinen Namen entheiligt.“ Und als Antwort, als Lösung des Problems, sagt er: „Ich habe einen Plan. Ich habe ein Mittel gegen eure Unheiligkeit. Die Lösung ist, dass ich heilig bin. Die einzige Möglichkeit, dass ihr „heilig sein könnt“, oder besser gesagt, meine Heiligkeit tragen könnt, ist, dass ich euch mit meiner Heiligkeit fülle!“ In Hesekiel 39 sagt Gott, was das Endergebnis sein wird. Wunderbar!

> *Und ich werde meinen heiligen Namen kundtun mitten in meinem Volk Israel und werde meinen heiligen Namen nicht mehr entweihen lassen. Und die Nationen werden erkennen, dass ich der HERR bin, der heilig ist in Israel* (Hes 39,7).

Nun zurück zum Vaterunser:

> *Unser Vater im Himmel!*
> *Dein Name werde geheiligt.*

Jetzt wird uns auch deutlich, dass dies der Kern dieses Gebets ist und dass der Rest des Gebets dazu dient, dem Gestalt zu geben! Nämlich die Tatsache, dass Gott durch uns als ein guter Vater gesehen und erkannt werden wird.

Um seines Namens willen

Eine Sache, die mich tief berührt hat, wäre da noch. Damit möchte ich dieses Kapitel dann auch abschließen. Ich habe den Satz *„Dein Name werde geheiligt“* immer als eine Art Zwischensatz gesehen. Jetzt ist mir klar, dass das völlig falsch ist! Erst wenn Gottes Name geheiligt wird, hier bei uns auf Erden,

---

the name that you blackened wherever you went. Then the nations will realize who I really am, that I am God, when I show my holiness through you so that they can see it with their own eyes. [...]'

ist es möglich, dass man ihn durch uns so sehen kann, wie er wirklich ist! Als mir das klar wurde, wurde mir plötzlich auch bewusst, was es bedeutet, wenn in der Bibel *„um seines Namens willen"* steht. Ein paar Beispiele:

> *Er erquickt meine Seele. Er leitet mich in Pfaden der Gerechtigkeit um seines Namens willen* (Ps 23,3).
>
> *Ich schreibe euch, Kinder, weil euch die Sünden vergeben sind um seines Namens willen* (1 Joh 2,12).
>
> *Aber er rettete sie um seines Namens willen, um seine Macht kundzutun* (Ps 106,8).
>
> *Um deines Namens willen, HERR, vergib mir meine Schuld, denn sie ist groß* (Ps 25,11).
>
> *Hilf uns, Gott unseres Heils, um der Ehre deines Namens willen. Rette uns und vergib unsere Sünden um deines Namens willen!* (Ps 79,9).

Großartig! Ich dachte immer, es würde um Folgendes gehen: Wenn ich auf dem richtigen Weg bleibe, werden meine Sünden vergeben, und dann komme ich in den Himmel. Aber jetzt ist mir klar, dass es in erster Linie nicht um mich geht, sondern um ihn! Darum hat Jesus uns das Vaterunser gegeben. Jetzt lese ich auch Folgendes mit ganz anderen Augen:

- *Vergib uns unsere Schuld* – nicht in erster Linie, damit uns dann vergeben ist. Nein, sondern damit wir fähig sind, anderen seinen heiligen Namen, sein Wesen durch uns zu zeigen.
- *Erlöse uns von dem Bösen* – damit wir hier und jetzt seinem Königreich Gestalt geben können. Und damit seine Kraft, Herrlichkeit und Majestät gesehen und geoffenbart werden!

Und wenn wir dann sehen, dass Jesus nur von „uns" spricht, dann sehen wir, dass der Vater uns durch all dies die Möglichkeit gibt, als Gemeinde, als Leib Christi ***sichtbar zu werden*** als die Braut des Lammes bzw. von Jesus. Und das wiederum hat zum Ziel, den Vater völlig sichtbar zu machen.

Das Vaterunser: Welch ein Gebet von gewaltiger Schönheit!

Zum Nachsinnen

Wenn wir davon ausgehen, dass die Kirche, die Gemeinde, im Moment für die Welt noch nicht als Braut sichtbar ist, dann muss sich daran etwas ändern. Bei mir ... Bitte den Vater um Offenbarung, damit wir erkennen können, was anders werden muss. Offenbarung, um zu erkennen, was neu ist und von uns angenommen werden soll, und Offenbarung, um zu erkennen, was alt ist und wir loslassen müssen.

Ein Lied anhören

Cody Carnes, *I run to the Father*[5]

I've carried a burden
For too long on my own
I wasn't created
To bear it alone
I hear Your invitation
To let it all go
Yeah I see it now
I'm laying it down
And I know that I need You
I run to the Father
I fall into grace
I'm done with the hiding
No reason to wait

---

[5] https://youtu.be/HTHS4W1bPj8; alle Links zu den Liedern und Übersetzungen findest du unter www.vaterherz-bruggeman.de/naeher-beim-vater.html

My heart needs a surgeon
My soul needs a friend
So I'll run to the Father
Again and again
And again and again
Oh, oh, oh
You saw my condition
Had a plan from the start
Your Son for redemption
The price for my heart
And I don't have a context
For that kind of love
I don't understand
I can't comprehend
All I know is I need You

Refrain ...

My heart has been in Your sights
Long before my first breath
Running into Your arms
Is running to life from death
And I feel this rush deep in my chest
Your mercy is calling out
Just as I am You pull me in
And I know I need You now

Refrain ...

Leseempfehlung

- Henk Bruggeman, *Eine Liebe ohnegleichen*
  In diesem Büchlein wird auf einfache Weise erklärt, dass es bei Gott, dem Vater, Liebe für jeden gibt.

Raum für Notizen

Kapitel 2

Gehorsam oder Ungehorsam – Was will Gott?

Denn wie durch des einen Menschen Ungehorsam die vielen [in die Stellung von] Sündern versetzt worden sind, so werden auch durch den Gehorsam des einen die vielen [in die Stellung von] Gerechten versetzt werden.

Römer 5,19

Was will Gott?

Mit dem Titel dieses Kapitels möchte ich dich ein wenig herausfordern. Was will Gott? Dein erster Gedanke ist jetzt bestimmt, dass das doch gar keine Frage ist. Ich kann dich schon sagen hören: „Was meinst du mit ‚Was will Gott?'? Das ist doch wohl klar. Gott will, dass wir gehorsam sind. Ungehorsam ist ja schon grundsätzlich falsch." Aber lass uns am Anfang beginnen und dann Schritt für Schritt entdecken, was sich im Vaterherzen Gottes abspielt.

Zuallererst habe ich eine Frage: Ist es wichtig, dass wir die Stimme Gottes verstehen (können)? Wenn ich diese Frage bei einer Veranstaltung stelle, bekomme ich immer dieselbe Reaktion, nämlich: „Ja, natürlich ist es wichtig, die Stimme Gottes zu verstehen." Dann frage ich weiter: „Was ist das Zweitwichtigste, wenn du die Stimme Gottes verstanden hast?" Sehr oft höre ich dann: „Dem gehorsam sein, was er von einem will!“ Und das ist genau der Punkt, über den ich in diesem Kapitel sprechen möchte.

Erfahrungen

Hättest du mir diese Frage vor ein paar Jahren gestellt, dann hätte ich mit Sicherheit geantwortet, dass eines der wichtigsten Dinge, die du für Gott tun kannst, ist, ihm gehorsam sein. Indem du ihm gehorsam bist, kannst du nach seinem Willen leben. Durch Gehorsam tust du, was er von dir verlangt. Ganz einfach, oder? Das ist eindeutig, nicht wahr? Das liegt doch völlig auf der Hand.

Und doch ...

In der Bibel bin ich auf ein paar Beispiele gestoßen, wodurch ich meine Meinung geändert habe. Lass es mich so beschreiben: Bibeltexte, die Raum geben zu denken, dass Gott unseren (Un-)Gehorsam anders sieht als wir. Ich habe entdeckt, dass Gott uns eine *Erfahrung* schenken will, die uns hilft, gehorsam zu sein. Diese Erfahrung kann sowohl positiv als auch negativ sein. Durch diese Erfahrung können wir in eine Position gelangen, in der wir uns (freiwillig) dafür entscheiden, im Willen Gottes zu wandeln. Ich möchte das später mit einem Beispiel verdeutlichen. Wer mich kennt, wird nicht verwundert sein, dass dieses Beispiel aus Lukas 15 stammt, aus dem Gleichnis vom *verlorenen Sohn*. Aber zuvor möchte ich dir zeigen, wie Jesus uns geradezu Gehorsam anbietet. Jesus sagt: Ich ***bin*** der Weg, die Wahrheit und das Leben.

> *Und wohin ich gehe, dahin wisst ihr den Weg. Thomas spricht zu ihm: Herr, wir wissen nicht, wohin du gehst. Und wie können wir den Weg wissen? Jesus spricht zu ihm: Ich bin der Weg und die Wahrheit und das Leben. Niemand kommt zum Vater als nur durch mich* (Joh 14,4-6).

Hier lesen wir, dass Jesus uns nicht nur auf unser Ziel hinweist, zum Vater zu kommen. Dann käme es einzig auf Gehorsam an.

Nein, Jesus sagt uns, dass er der Weg *ist!* Statt uns ein Gebot aufzuerlegen und Gehorsam zu verlangen, sagt er: „Ich sage dir, was dein Ziel ist, *und* ich gebe dir die Möglichkeit, dieses Ziel zu erreichen. Ich bin der Weg. Wir machen uns zusammen auf den Weg zum Vater." Er weist dir also nicht nur den Weg. Nein, er macht diesen Weg für dich auch zu einer Erfahrung mit ihm. Zu dieser Erfahrung gehört auch Intimität, wodurch sich eine Beziehung entwickelt. Indem du diesen Weg gehst, lernst du ihn auch besser kennen. Und das Bemerkenswerte ist, dass du diesen Weg auch für andere freimachst, sobald du deinen Weg zum Vater verfolgst. Dieser Weg kann danach auch von anderen gefunden werden und auch sie können ihm folgen.

Ein Lied anhören

Wenn du jetzt einen Moment innehalten willst, empfehle ich dir, auf YouTube das Lied „Pioneer", gesungen von Rick Pino, anzuhören:[1]

Pioneer, Pioneer
Keep pressing onwards beyond your fears
And only your Father goes before you to your own frontier
You're a Pioneer
Uncharted wilderness stretches before you
And you thrive on going where no one has gone
Still it gets lonely when darkness rears
So sing by the fire until the dawn
You travel light and you travel alone
And when you arrive nobody knows
But your Father in heaven, He is glad you can go
Cause those who come after you will need the road
And what you have done, others will do

---

[1] https://youtu.be/Db7ocvC-zUQ; alle Links zu den Liedern und Übersetzungen findest du unter www.vaterherz-bruggeman.de/naeher-beim-vater.html

Bigger and better and faster than you
But you can't look back,
you gotta keep on pressing through
There's a wilderness pathway and it's calling you
Calling you, calling you
Keep pressing onwards, you can't stay here ...
And only your Father goes before you to your own frontier
You're a Pioneer

Zwei Arten von Gehorsam

Welche positive Erfahrung brauchen wir? Wir brauchen es, dass wir die Liebe des Vaters selbst empfangen, ganz direkt. Du kannst hören und lesen, dass der Vater dich liebt. Aber das verblasst im Vergleich mit einer persönlichen Erfahrung seiner Liebe. Der eine ist Gott einfach gehorsam, weil er seine Stimme gehört hat. Der andere hat die Stimme von Gott dem Vater gehört und sein Herz wurde von seiner Liebe bewegt. Das ist ein großer Unterschied. Vom ersten könnte man sagen, dass er aufgrund eines Gebotes gehorcht, das ihm ein anderer auferlegt hat. Der zweite will gehorchen, weil er sich *von ganzem Herzen* auf den einlassen will, der ihn bittet.

Gehorsam und Ungehorsam

Die Frage, um die es geht, ist: Ist Gehorsam wirklich das, was Gott der Vater von uns will? Die Frage scheint sich nach wie vor einfach beantworten zu lassen. Natürlich! Oder ...? Doch es stellt sich heraus, dass Gott zwar Gehorsam will, aber er verlangt nicht von uns, dass wir einfach nur seine Gebote halten.

Ein Beispiel

Schauen wir uns mal ein praktisches Beispiel an. Manchmal gibt es Situationen in deinem Leben, in denen du eine klare Entscheidung treffen musst. Das war beispielsweise so, als

Gott mich fragte: „Henk, du sprichst viel über die Wichtigkeit, von mir abhängig zu sein. Und das ist schön! Nun frage ich dich, möchtest du in finanzieller Hinsicht vom *VaderHuis* oder von mir abhängig sein?“

Das ist eine dieser Fragen, bei denen du schon von vorneherein weißt, für was er gerne möchte, dass du dich entscheidest. Eigentlich hast du gar keine Wahl. Also sagte ich (mit zusammengepressten Lippen): „Ich möchte ‚gerne‘ von dir abhängig sein.“ Dazu muss ich sagen, dass wir eine Zeit lang drei Tage die Woche vom *VaderHuis*[2], unserer Gemeinde in Den Haag, bezahlt wurden. Mit der Zeit wurde das auf anderthalb Tage die Woche reduziert. Die Einkünfte vom *VaderHuis* waren etwas zurückgegangen. Trotzdem konnten wir davon noch fast die Miete für unser Haus aufbringen. Ich überlegte, den Kassenverwalter anzurufen und ihm zu sagen, dass er uns kein Geld mehr überweisen soll. Ich wollte ihm sagen, dass wir ganz von unserem Vater abhängig sein wollten. Aber als ich so darüber nachdachte, habe ich diesen Anruf dann lieber doch nicht getätigt. Mir kam nämlich ein ausgezeichneter Gedanke. Diejenigen, die dem *VaderHuis* Geld gaben, gaben es nicht wirklich dem *VaderHuis*. Eigentlich gaben sie ihr Geld Gott! Wenn ich nun Geld vom *VaderHuis* empfing, kam dies also direkt von Gott. So konnte ich abhängig von ihm bleiben und guten Gewissens weiterhin Geld vom *VaderHuis* bekommen. Das Herz ist manchmal arglistig, aber das interessierte mich in dem Moment nicht.

Es dauerte circa drei Monate, bis ich den Eindruck hatte, dass Gott nochmal zu mir sprach. Das lief ungefähr so:

„Hallo Henk!“

„Hallo ... Vater.“

„Nochmal kurz wegen der Frage, ob du von mir oder vom *VaderHuis* abhängig sein willst ...“

„Ähm ... okay.“

„Willst du, dass ich dir dabei helfe?“

---

[2] Dt. „VaterHaus“.

Und ehe ich mich versah, sagte ich: „Ja."

Hier nun eine Warnung an alle, in solch einer Situation nicht sofort „ja" zu sagen, sondern zumindest erst kurz darüber nachzudenken! Ab dem Moment, in dem ich zum Vater „ja" gesagt hatte, ging so gut wie kein Geld mehr auf dem Konto des *VaderHuis* ein. Es reichte noch gerade so, um die Raummiete zu bezahlen. Als fast nichts mehr überwiesen werden konnte, war ich dann in der Lage, zum Telefon zu greifen und unseren Kassenverwalter anzurufen. Ich sagte ihm, er brauche ab sofort kein Geld mehr auf mein Konto zu überweisen. „Ja, das macht Sinn", antwortete er, „es ist auch nichts mehr auf dem Konto, was man überweisen könnte ..."

Ich musste zuerst die Realität erleben, dass kein Geld mehr auf dem Konto war, um diese Entscheidung von Herzen treffen zu können. An diesem Beispiel sehen wir, dass Gott der Vater nicht einfach stumpfen Gehorsam will. Er kommt uns entgegen und möchte uns sogar helfen, damit wir ihm gehorchen können.

Eine negative Erfahrung kann interessanterweise einen positiven Effekt haben. Dadurch kann bei uns nämlich ein inneres Verlangen nach Veränderung entstehen. Wir wollen schlicht nicht in der negativen Situation steckenbleiben. Das hat übrigens einen weiteren sehr wichtigen Nebeneffekt: Sobald wir zum Vater zurückkehren und uns entscheiden, ihm zu gehorchen, ist das zu einer Herzensentscheidung geworden. Das ist etwas anderes, als einem auferlegten Gebot zu gehorchen!

Eine negative Erfahrung kann uns also aus eigenem Antrieb dorthin bringen, wo wir Gott dem Vater begegnen können. Das möchte ich gerne anhand des schönsten Beispiels erklären, das ich kenne. Es stammt natürlich aus Lukas 15, aus dem Gleichnis vom verlorenen Sohn.

Der ältere Sohn in dieser Geschichte gehorcht seinem Vater, während der jüngere Sohn ungehorsam ist. Er tut den Willen seines Vaters nicht und verschwindet einfach von der Bildfläche! Wir wollen uns zunächst mit dem jüngeren Sohn befassen. Eines Tages verlangt er von seinem Vater sein Erbteil. Er sagt ihm, dass er weg möchte, in ein fernes Land. Wie reagiert der Vater darauf? Wir sehen, dass der Vater den freien Willen seines jüngeren Sohnes respektiert, auch wenn er sehr gut weiß, dass das nicht gerade die beste oder vernünftigste Entscheidung ist.

Ein Beispiel aus meinem eigenen Leben

Als Vater und Mutter einer Familie mit acht Kindern mussten wir uns in Bezug auf deren Entwicklung oft umstellen. Manchmal probiert man, eines seiner Kinder mit einem guten Ratschlag vor einem Fehltritt zu bewahren. Aber als sie erwachsen wurden, haben wir immer mehr gelernt, ihre Entscheidungsfreiheit zu respektieren. Natürlich kamen sie manchmal (irgendwann) durch schmerzliche Erfahrungen selbst dahinter, dass ihre Entscheidungen vielleicht nicht die besten gewesen waren. Aber trotzdem war es auch dann wichtig, dass sie sich selbst entscheiden und ihre eigenen Erfahrungen machen konnten. Außerdem kam zu dieser Erfahrung ein weiterer wichtiger Aspekt hinzu, nämlich die Erfahrung von bedingungsloser Liebe. Sobald man sich seiner Fehler bewusst wird, kommt oft ein Schuldgefühl hoch. Und damit möglicherweise Angst vor der Strafe, die folgen könnte. Was für eine wunderbare Chance hat man als Vater oder Mutter dann doch, sein Kind einfach zu umarmen! In diesem Moment braucht man die falsche Entscheidung nicht noch wie Salz in die Wunde zu streuen. Durch die negative Erfahrung ist sich das Kind seiner Fehler ja schon vollkommen bewusst. Es ist so wichtig, dass das Kind dann erlebt, dass es nicht verurteilt wird, dass Raum für einen Neuanfang da ist und das Kind mit bedingungsloser Liebe rechnen darf. Ehrlicherweise muss ich dazusagen, dass dies bei uns ein Prozess war, in dem wir miteinander gewachsen sind.

Zurück zum Gleichnis

Wenn wir uns das Gleichnis vom verlorenen Sohn genauer anschauen, entdecken wir etwas Auffälliges. Es ist der Ungehorsam des jüngeren Sohnes, der ihm die negative Erfahrung einer

Sackgasse beschert. Durch diese Erfahrung entscheidet er sich nun *selbst*, zu seinem Vater zurückzukehren. Durch die ihm neue Erfahrung bedingungsloser Liebe lernt er daraufhin das Herz seines Vaters kennen. Ist das nicht bemerkenswert? Gott der Vater „benutzt" hier den Ungehorsam. Die Ungerechtigkeit des jüngeren Sohnes macht zwei Dinge deutlich. Erstens versteht der Sohn nun, dass er es selbst nicht kann. Zweitens hat er jetzt erlebt, was bedingungslose Liebe ist!

Jetzt kommen wir zum älteren Sohn.

> *Er aber antwortete und sprach zu dem Vater: Siehe, so viele Jahre diene ich dir, und niemals habe ich ein Gebot von dir übertreten; und mir hast du niemals ein Böckchen gegeben, dass ich mit meinen Freunden fröhlich gewesen wäre [...]* (Lk 15,29).

Hat er die Stimme seines Vaters gehört? Ja, natürlich! War er gehorsam? Ja, natürlich! Aber es ist sehr bezeichnend, wie er die Beziehung zu seinem Vater beschreibt. Er sagt: *„Siehe, so viele Jahre diene ich dir ..."* Daraus wird die Distanz in der Beziehung zu seinem Vater ersichtlich. Er sieht sich als einen Arbeiter, nicht als einen Sohn. Danach fährt er fort: *„... **und niemals habe ich ein Gebot von dir übertreten** ..."* Er hat die Gebote sozusagen von außen empfangen und befolgt. Was wir hier beobachten, ist ungemein wichtig, auch für uns selbst. Wenn wir uns fragen: „Freut sich der Vater über den Gehorsam seines älteren Sohnes und ist er zufrieden damit?", was geht dann in uns vor?

Zeit zum Nachsinnen

Vielleicht ist es gut, wenn du dich an dieser Stelle fragst, ob eines der genannten Beispiele auf dich zutreffen könnte. Lass dir die nötige Zeit dafür.

Wie geht es weiter?

Wir machen weiter, wo wir aufgehört haben. Wir sehen, dass der Vater seinen ältesten Sohn unbedingt in die Feier einbeziehen möchte. Und so geht sein Vater zu ihm und sagt:

> *Er aber sprach zu ihm, Kind, du bist allezeit bei mir, und alles, was mein ist, ist dein. Aber man muss [doch jetzt] fröhlich sein und sich freuen; denn dieser dein Bruder war tot und ist wieder lebendig geworden und verloren und ist gefunden worden* (Lk 15,31-32).

Aber wir sehen auch, dass dieser Sohn verbittert ist. Er weigert sich, nach drinnen zu gehen. Im Grunde kann man an ihm viele der Symptome erkennen, die zu einer Waise gehören. Sein Vater legt den Nachdruck hier in keiner Weise auf die Arbeit. Im Gegenteil, wir sehen hier, dass die (wiederhergestellte) Beziehung für ihn an erster Stelle steht. Natürlich findet der Vater es gut, dass sein älterer Sohn gehorsam ist. Aber er möchte nicht, dass dieser Gehorsam einzig und allein daher rührt, dass man ein Gebot hält, zu dem man verpflichtet ist. Will man den Ungehorsam des jüngsten Sohnes als „Ungerechtigkeit" bezeichnen, dann könnte man den Gehorsam des ältesten Sohnes „Selbstgerechtigkeit" nennen!

Damit kommen wir wieder zurück zum Garten Eden, dem Ort, wo Gott dem Menschen verboten hat, vom Baum der Erkenntnis von *Gut* und Böse zu essen. Statt Gut und Böse, könnte man auch von Selbstgerechtigkeit und Ungerechtigkeit sprechen. Hier machen wir die Entdeckung, dass es bei einer Konfrontation mit der eigenen Ungerechtigkeit „einfacher" ist, zur Einsicht zu kommen, als bei einer Konfrontation mit der eigenen Selbstgerechtigkeit. Bei Ersterem landet man in einer Sackgasse. Man kommt einfach nicht weiter. Wird man jedoch mit seiner Selbstgerechtigkeit konfrontiert, kann man weiter davon überzeugt sein, recht zu haben und darauf beharren. Das ist also eigentlich gefährlicher.

Die Schlussfolgerung, die wir aus diesem Gleichnis ziehen können, hat es in sich! Der Ungehorsam des jüngsten Sohnes führt ihn letztendlich in die offenen Arme des Vaters, während der Gehorsam des ältesten Sohnes das nun gerade behindert. Das zeigt uns also ein wunderschönes Beispiel auf: Gehorsam entspricht nicht automatisch dem Tun des Willens von Gott dem Vater. In erster Linie geht es dem Vater nicht um das, was du tust, sondern darum, wer du bist! Solange du noch als Waise lebst, ist der Vater zunächst nicht so sehr daran interessiert, dich um Gehorsam zu bitten. Das Einzige, was er damit erreichen würde, wäre eine gehorsame Waise! Nein, das, wonach der Vater verlangt, ist zunächst nicht Gehorsam. Sein größtes Verlangen ist, dich in die Stellung des Sohn-Seins, der Sohnschaft zu bringen. Wie er das tut? Das möchte ich dir jetzt erklären.

Es beginnt mit einer Party!

In diesem Gleichnis sehen wir, dass für Gehorsam der richtige Ausgangspunkt nötig ist. Zuallererst geht es um eine gute Beziehung von Herz zu Herz, zwischen Vater und Sohn. Wir sehen auch, wie diese entsteht. Der Vater umarmt und küsst seinen Sohn *und* er organisiert ein großes Fest! Damit legt er die Basis für ihre Beziehung. Der jüngste Sohn kann das Fest voll auskosten und lernt seinen Vater als jemanden kennen, der es herrlich findet, dass sein Sohn in vollen Zügen genießt. Ihm ist auch klar, dass sein Vater all das allein für ihn organisiert hat. Sein Vater sorgt auch dafür, dass er sich ganz und gar zuhause fühlen kann. Sein Vater macht ihm deutlich, dass alles, was er hat, auch ihm als seinem Sohn gehört. Am Mantel ist zu erkennen, dass der Sohn zur Familie gehört, die Schuhe sagen etwas über den Status aus, den er als Sohn hat, und der (Siegel-)Ring entspricht in unserer heutigen Zeit der Kreditkarte des Vaters. Unter diesen Umständen ist es dem Sohn möglich, schon bald all das Elend zu vergessen, in dem er sich gerade noch befand. Er saugt sein neues Leben regelrecht in sich auf. Außerdem ist er durch die bedingungslose Liebe, die er von seinem Vater empfängt, jetzt fähig, seinen Vater selbst auch zu lieben.

Wir lieben, weil er uns zuerst geliebt hat (1 Joh 4,19).

Jetzt ist es ins Herz gerutscht. Vater und Sohn stehen miteinander auf einer Stufe. Die Herzen sind miteinander verbunden. Den Willen des Vaters zu tun ist jetzt kein auferlegtes Gebot mehr. Nein, in den Fußstapfen des Vaters zu gehen, ist jetzt ein inneres Verlangen, direkt aus dem Herzen. Oh, ist *das* der Gehorsam, den Gott der Vater für uns im Sinn hat?! Das ist eine völlig neue Art von Gehorsam!

Das Gleichnis von den anvertrauten Talenten

Ein anderes Beispiel von Ungehorsam lesen wir im Gleichnis von den anvertrauten Talenten.

Es trat aber auch herbei, der das eine Talent empfangen hatte, und sprach, Herr, ich kannte dich, dass du ein harter Mann bist; du erntest, wo du nicht gesät, und sammelst, wo du nicht ausgestreut hast […] (Mt 25,24).

Ich habe dieses Gleichnis immer als Beispiel einer Warnung gelesen. Wenn du für Gott dein Bestes gibst, bekommst du eine Belohnung von ihm. Aber wenn du deinen Pflichten nicht nachkommst, wird er dich bestrafen! Das habe ich immer geglaubt, bis ich mich fragte, wo in diesem Gleichnis die liebevollen Arme des Vaters sind. Wie passt dieses Gleichnis ins Neue Testament, wo gesagt wird, dass wir von seiner Gnade abhängig sind?

Wenn aber durch Gnade, so nicht mehr aus Werken; sonst ist die Gnade nicht mehr Gnade (Röm 11,6).

Plötzlich wurde mir klar, dass ich dieses Gleichnis immer falsch gelesen hatte. Das Wesentliche daran ist nicht, dass auf den Ungehorsam Strafe folgt. Nein, es zeigt uns, was das Resultat ist, wenn jemand nicht das richtige Bild vom Vater hat. Es zeigt, dass Ungehorsam die Folge davon ist, das Herz des Meisters nicht zu kennen! Der Kern dieses Gleichnisses ist somit auch nicht die Strafe, die aus dem falschen Handeln folgt. Der Kern ist, dass man falsch handelt, wenn man ein falsches Bild vom Vater hat.

Zeit zum Nachsinnen

Vielleicht ist es hilfreich, dass du das Gelesene noch einmal verinnerlichst. Dazu kannst du es auch nochmals lesen.

Der reiche Jüngling

Nun haben wir auch noch die Geschichte vom reichen Jüngling als Beispiel.

> *Der junge Mann spricht zu ihm: Alles dies habe ich befolgt. Was fehlt mir noch? Jesus sprach zu ihm: Wenn du vollkommen sein willst, so geh hin, verkaufe deine Habe und gib [den Erlös] den Armen! Und du wirst einen Schatz in den Himmeln haben. Und komm, folge mir nach! Als aber der junge Mann das Wort hörte, ging er* ***betrübt*** *weg, denn er hatte viele Güter* (Mt 19,20-22).

Hier wird deutlich, dass die Frage, ob man seinen Reichtum aufgibt und Jesus folgt, nicht nur eine Kopfentscheidung ist. Es geht mitten durchs Herz und mit vielen Gefühlen einher. Der reiche Jüngling wäre mit seinem Verstand ja gerne gehorsam. Seine Gefühle, seine Liebe zu seinem Besitz, machen ihm die Entscheidung jedoch unmöglich, alles aufzugeben und in Abhängigkeit von Jesus zu leben. Er weiß, sich an auferlegte Gebote zu halten. Aber das ist nichts weniger als Religion; das ist nicht, was der Vater verlangt.

Darum spricht er, als er in die Welt kommt: „Schlachtopfer und Opfergabe hast du nicht gewollt, einen Leib aber hast du mir bereitet; an Brandopfern und Sündopfern hast du kein Wohlgefallen gefunden. Da sprach ich: Siehe, ich komme – in der Buchrolle steht von mir geschrieben –, um deinen Willen, Gott, zu tun" (Hebr 10,5-7).

Aus Gottes Perspektive

Wir können es auch anders betrachten und die verschiedenen Situationen aus Gottes Blickwinkel sehen. Im Gleichnis vom verlorenen Sohn sehen wir, dass der Vater dem Sohn nicht auf rationale Weise begegnet. Das Gefühl, hier in Form von Liebe, ist das Allerwichtigste. Dadurch geschieht nämlich etwas sehr Wichtiges im Herzen des Sohnes. Das Gefühl, verurteilt zu sein, wird beseitigt. Wäre dies nicht der Fall gewesen, wäre der Sohn in der Position geblieben, gehorchen zu müssen, denn sonst ... Das gilt auch für uns. Ohne Liebe zu erfahren, wird der Gehorsam ein Gebot, wodurch man unter dem Gesetz und den Geboten bleibt und die Gnade verfehlt. Zum Glück hat der Vater dem abgeholfen.

Seid niemand irgendetwas schuldig, als nur einander zu lieben! Denn wer den anderen liebt, hat das Gesetz erfüllt. Denn das: „Du sollst nicht ehebrechen, du sollst nicht töten, du sollst nicht stehlen, du sollst nicht begehren", und wenn es ein anderes Gebot [gibt], ist in diesem Wort zusammengefasst: „Du sollst deinen Nächsten lieben wie dich selbst." Die Liebe tut dem Nächsten nichts Böses. ***Die Erfüllung des Gesetzes ist also die Liebe*** (Röm 13,8-10).

Nun ist es aber wichtig zu erkennen, dass wir nicht mit unserer eigenen Liebe zu kommen brauchen. Es ist die Liebe des Vaters, die wir von ihm empfangen. Und durch diese Liebe sind wir fähig, wiederum ihn und unseren Nächsten zu lieben!

All das hat unser Herr Jesus möglich gemacht. Er ist den Weg für uns gegangen, damit er für uns der Weg sein kann.

> *Denn wir haben nicht einen Hohen Priester, der nicht Mitleid haben könnte mit unseren Schwachheiten, sondern der in allem in gleicher Weise [wie wir] versucht worden ist, [doch] ohne Sünde* (Hebr 4,15).

Der Gehorsam Jesu

Aber es geht noch weiter, noch tiefer. Wir erinnern uns natürlich daran, wo alles schiefgegangen ist. Das war im Garten Eden, wo durch Adam und Eva der Ungehorsam Einzug erhielt. Nach ihnen gab es nie jemanden, der nicht ungehorsam war, nicht einen einzigen! Bis Jesus kam.

> *Denn wie durch des einen Menschen Ungehorsam die vielen [in die Stellung von] Sündern versetzt worden sind, so werden auch durch den Gehorsam des einen die vielen [in die Stellung von] Gerechten versetzt werden* (Röm 5,19).

Er wurde Mensch wie wir. Er wurde auf dieselbe Weise der Versuchung ausgesetzt, das Böse zu tun, aber ohne zu sündigen. Er hat immer aus Gehorsam gelebt, in völliger Abhängigkeit vom Vater. Vor diesem Hintergrund kann die Frage, ob der Vater Gehorsam von uns verlangt, völlig falsch interpretiert werden. Es ist so wichtig, dass wir unseren Ausgangspunkt, unsere Basis richtig verstehen. Gehorsam kommt nämlich nicht aus uns, sondern aus Jesus, der es vollbracht hat.

> *Da antwortete Jesus und sprach zu ihnen: Wahrlich, wahrlich, ich sage euch, Der Sohn kann nichts von sich selbst tun, außer was er den Vater tun sieht; denn was der tut, das tut ebenso auch der Sohn* (Joh 5,19).

Wenn wir die beiden obenstehenden Verse miteinander verbinden, dann sehen wir, dass Jesus aus dem Gehorsam gelebt hat. Aber wir sehen auch, dass Jesus nichts aus sich selbst heraus tun konnte und nur tat, was er den Vater tun sah. Das bedeutet, dass Gehorsam nicht von Jesus hervorgebracht wurde, sondern geradewegs aus dem Herzen des Vaters kam! Es ist der Vater, der den Fehler von Adam und Eva korrigiert hat. Das hat er nicht aufgrund von Opfern getan, die dargebracht wurden, sondern er hat es durch seinen Sohn getan, der bereit war, sein Leben zur Verfügung zu stellen. Der Gehorsam wird zunächst also nicht von uns verlangt, sondern Jesus gegeben. Er war willig, ihn zu empfangen und zu leben. Nun geht es darum, dass auch wir Gehorsam von Gott empfangen (können).

Jetzt ist nochmal ein guter Moment, nachzusinnen!

Wenn wir wirklich anfangen zu glauben, was wir hier oben soeben gelesen haben, dann verändert das unser Leben in der Beziehung zu Gott dem Vater völlig.

> *Der hat in den Tagen seines Fleisches sowohl Bitten als auch Flehen mit starkem Geschrei und Tränen dem dargebracht, der ihn aus dem Tod retten kann, und ist um seiner Gottesfurcht willen erhört worden, und lernte, obwohl er Sohn war, an dem, was er litt, den Gehorsam; und vollendet ist er allen, die ihm gehorchen, der Urheber ewigen Heils geworden …* (Hebr 5,7-9).

Nicht zu sündigen oder nicht ungehorsam zu sein ist nicht dasselbe, wie dem Willen des Vaters gehorsam zu sein. Jesus hat den Gehorsam gelebt, selbst dann, als er nur durch Leiden erreicht werden konnte. Wenn er durch Leiden gelernt wird, ist wiederum das Herz an diesem Gehorsam beteiligt. Dann ist *Vertrauen* die Basis für ihn. Die *Amplified*-Übersetzung[3] und

[3] Die Amplified Bible (AMP) ist eine englische Bibelübersetzung, in der zusätzliche Wortbedeutungen in den Text eingefügt sind, um seinen Bedeutungsumfang deutlich zu machen. Siehe auch das Impressum.

The Message von Peterson drücken es auch besonders schön aus.

> *Obwohl er ein Sohn war, der dem Vater nie ungehorsam gewesen war, lernte er aktiven, besonderen Gehorsam durch das, was er erlitt* (Hebr 5,7-10 AMP).[4]

> *Er hat Vertrauens-Gehorsam gelernt durch das, was er erlitt* (Hebr 5,8 TMB).[5]

Auch der verlorene Sohn hat den Gehorsam *durch das Leid hindurch* gelernt!

Israel …

Wir haben uns in diesem Kapitel Gleichnisse angeschaut, die uns Jesus hinterlassen hat. Und wir haben Jesu Rolle darin angesehen. Nun möchte ich dieses Kapitel über Gehorsam und Ungehorsam damit abschließen, dass wir uns Israels Rolle darin ansehen.

Der Ungehorsam Israels

Was ich hier entdeckt habe, spottet jeder Beschreibung. Normalerweise gehen wir immer davon aus, dass Gott Gehorsam von uns verlangt. Aber hier scheint alles kopfzustehen. Wie wäre es mit den folgenden Versen aus dem Römerbrief?

> *Denn wie ihr einst Gott nicht gehorcht habt,* ***jetzt aber Erbarmen gefunden habt infolge ihres Ungehorsams(!)****, so sind jetzt auch sie dem euch [geschenkten] Erbarmen [gegenüber] ungehorsam gewesen, damit auch sie jetzt Erbarmen finden. Denn Gott hat alle zusammen in den*

---

[4] *Although He was a Son who had never been disobedient to the Father, He learned active, special obedience through what He suffered.*

[5] *He learned trusting-obedience by what he suffered.*

Ungehorsam eingeschlossen, damit er sich aller erbarmt (Röm 11,30-32).

Um diesen Abschnitt besser verstehen zu können, lesen wir ihn auch in der *Message* von Peterson.

Es gab eine Zeit, noch nicht so lange her, dass ihr bei Gott draußen standet. Aber dann haben die Juden ihm die Tür zugeschlagen und es eröffneten sich neue Perspektiven für euch. Jetzt stehen sie draußen. Aber mit der für euch weit geöffneten Tür gibt es auch für sie einen Weg zurück hinein. Aber in jedem Fall ***sorgt Gott dafür, dass wir alle erfahren, was es bedeutet, draußen zu sein, damit er uns persönlich die Tür öffnen und uns einladen kann, wieder hineinzukommen.***[6]

Was für ein Plan, wie genial! Auf diese Weise hat Gott seinen Plan also nicht nur durch Jesus ausgeführt, sondern auch durch Israel. *Wer ist der Nächste?*

Welche Tiefe des Reichtums, sowohl der Weisheit als auch der Erkenntnis Gottes! Wie unerforschlich sind seine Gerichte und unaufspürbar seine Wege! (Röm 11,33).

Ein Lied anhören

Ich möchte dir empfehlen, wenn es dir möglich ist, jetzt etwas Zeit zu nehmen und das folgende Lied auf YouTube anzuhören.

---

[6] *There was a time not so long ago when you were on the outs with God. But then the Jews slammed the door on him and things opened up for you. Now they are on the outs. But with the door held wide open for you, they have a way back in. In one way or another,* ***God makes sure that we all experience what it means to be outside so that he can personally open the door and welcome us back in.***

Aaron Shust – *Zion*[7]

O daughters of Zion, o Abrahams sons
(Ps 105,6-9)
Hear the words of our Father
(5 Mose 6,4)
Hear His promise of love
(3 Mose 26,42-45)
I will make you a blessing
(1 Mose 12,3)
Count the stars if you can
(1 Mose 15,5)
You will be a great nation
(1 Mose 12,2)
I will give you the land
(1 Mose 17,8)
I will bring you back home o my children
(Hes 36,24)
You will no longer roam lost and alone in the night
(Jer 31,8-9)
There is nothing on earth, that could take you away
(Jer 3,18)
Once I gather you under my wings
(5 Mose 30,3-5)
I will bring you all back home, again
(Zef 3,20)
Though you've wandered like strangers
(Ps 105,12-13)
To the ends of the earth
(Jer 16,14-16)
I will sent you a Saviour
(Jes 45,17)
I will finish my work

7 https://youtu.be/E_GsKLJcum8

(Jes 43,5-7)
You have no other shepherd
(Jer 31,10)
You have no other Lord
(Jes 45,5)
Green pastures are waiting in Zion once more
(Jes 49,8-12)
I will bring you back home
(Hes 11,17)
I will bring you back home o my children
(Hes 36,24)
You will no longer roam lost and alone in the night
(Jer 31,8-9)
There is nothing on earth, that could take you away
(Jer 3,18)
Once I gather you under my wings
(5 Mose 30,3-5)
I will bring you all back home, again
(Zef 3,20)
So we pray for the peace
(Ps 122,6)
But look to the East, for the Sun rises sudden and fierce
(Sach 14,4)
Every prophet and Priest and King in the city
(Sach 12,12-13)
Will look on the one they have pierced
We will mourn for the one we have pierced
(Jes 53,3/Sach 12,10-11)
But don't fear o my daughters, or sons of Abraham
I will wash you with water
(Sach 13,1)
I will offer the Lamb
(1 Mose 22,8/Jes 53,6-8)
Though your sins were like scarlet
They'll be whiter than snow
(Jes 1,18)

I have always been with you
I will never let go
(5 Mose 31,8)
I will bring you back home
(Hes 11,17)
I will bring you back home o my children
(Hes 36,24)
You will no longer roam lost and alone in the night
(Jer 31,8-9)
There is nothing on earth, that could take you away
(Jer 3,18)
Once I gather you under my wings
(5 Mose 30,3-5)
I will bring you all back home, again
(Zef 3,20)
Adonai Elohenu
Adonai Echad

Zum Nachsinnen

Es dürfte klar sein, was dieses Kapitel zum Ziel hatte. Jetzt, wo du ans Ende gekommen bist, ist es vielleicht gut, das Kapitel nochmals von vorne zu lesen. Es ist so wichtig, dass wir den Gehorsam, der aus dem „müssen", aus der Religion kommt, hinter uns lassen. Ich möchte dich zu einer Begegnung mit dem Vater ermutigen, damit du ihn von Herz zu Herz kennenlernst. Was für ein Fest!

Leseempfehlung

- James Jordan, *The Ancient Road Rediscovered*

Kapitel 3

Die Auswirkung von Pfingsten

Ihr nun sollt vollkommen sein, wie euer himmlischer Vater vollkommen ist.

Matthäus 5,48

Pfingsten – der Vater und der Heilige Geist

Das letzte Kapitel handelte von Gehorsam und Ungehorsam und davon, wie der Vater damit umgeht. In diesem Kapitel möchte ich vor Augen führen, dass der Vater nicht nur durch unseren Gehorsam wirkt. Ich möchte erklären, wie er uns durch die Auswirkung von Pfingsten in die Stellung bringen möchte, die er für uns bereithält. Das klingt kompliziert, aber ich werde es gleich erklären. Und ... halte dich fest. Er legt die Messlatte hoch, wie wir in obigem Bibelvers lesen können.

Lange habe ich, bewusst oder unbewusst, Pfingsten als „nur" ein weiteres christliches Fest gesehen. Wir feiern das Kommen des Heiligen Geistes. Nicht mehr und nicht weniger. Man feiert Weihnachten und Ostern, und dann kommt eben Pfingsten als Abschluss. Ich denke, dass viele Leute innerhalb der Kirche das auch so sehen. In den verschiedenen Kirchen und Gemeinden wird das natürlich unterschiedlich wahrgenommen. Pfingstgemeinden werden sich bei diesem Fest eher „zuhause" fühlen. Sie heißen natürlich nicht ohne Grund *Pfingst*gemeinden. Und doch wurde mir irgendwann klar, dass Pfingsten nicht einfach nur ein weiteres Fest ist. Es ist viel mehr als das!

Beginnen wir damit, noch einmal den allbekannten Abschnitt aus der Apostelgeschichte zu lesen.

Und als der Tag des Pfingstfestes erfüllt war, waren sie alle an einem Ort beisammen. Und plötzlich geschah aus dem Himmel ein Brausen, als führe ein gewaltiger Wind daher, und erfüllte das ganze Haus, wo sie saßen. Und es erschienen ihnen zerteilte Zungen wie von Feuer, und sie setzten sich auf jeden Einzelnen von ihnen. Und sie wurden alle mit Heiligem Geist erfüllt und fingen an, in anderen Sprachen zu reden, wie der Geist ihnen gab auszusprechen. Es wohnten aber in Jerusalem Juden, gottesfürchtige Männer, von jeder Nation unter dem Himmel. Als aber dieses Geräusch entstand, kam die Menge zusammen und wurde bestürzt, weil jeder Einzelne sie in seiner eigenen Mundart reden hörte. Sie entsetzten sich aber alle und wunderten sich und sagten: Siehe, sind nicht alle diese, die da reden, Galiläer? (Apg 2,1-7).

Was geschieht hier?

Die Jünger haben von Jesus den Auftrag bekommen, in Jerusalem zu bleiben. Sie sollen auf das warten, was der Vater versprochen hat. Die Jünger sind zu diesem Zeitpunkt schon Christen. Sie sind von Neuem geboren worden und werden an diesem Pfingsttag vom Heiligen Geist erfüllt. Wir können also sagen, dass der Geist kommt, um ein Werk in den Christen zu vollbringen, die dort anwesend sind.

Aber es geschieht noch etwas. Es sind auch Nichtchristen „in der Nähe“. In diesem Bibelabschnitt können wir lesen, dass diesen noch nicht wiedergeborenen Menschen das Wirken des Heiligen Geistes auch auffällt – an den Jüngern! Wenn draußen ein starker Wind weht, kann man nicht sagen: „Schau, *da* ist der Wind. Mann, ist der schnell!“ Nein, der Wind selbst ist unsichtbar, den können wir nicht sehen. Aber sobald Bäume in der Nähe sind, können wir an diesen Bäumen klar sehen, wie sich der Wind auf sie auswirkt. Wir können dann sagen: „Siehst du die Bäume? Mensch, was für ein Sturm!" Und so ist es eben auch an diesem Pfingsttag. Der Geist kommt nicht nur *merkbar* auf die wartenden Gläubigen (Christen), sondern dies ist auch merkbar und sogar *sichtbar* für die Ungläubigen! Das ist ja ungewöhnlich! Den Geist selbst kann man nicht sehen, aber die Nichtchristen können die Auswirkung des Geistes auf die Jünger sehr wohl sehen. Wenn das beabsichtigt ist, kommt jetzt natürlich die Frage, ob die Menschen in der Welt die Wirkung des Geistes in *unserem* Leben sehen können.

Abhängigkeit

Wer einmal eine meiner Konferenzen besucht hat, weiß nur zu gut, dass ich oft über Abhängigkeit spreche. Jesus gibt im Matthäusevangelium ein wunderbares Beispiel dafür.

> *Zu jener Zeit begann Jesus und sprach: Ich preise dich, Vater, Herr des Himmels und der Erde, dass du dies vor Weisen und Verständigen verborgen* ***und es Unmündigen offenbart*** *hast. Ja, Vater, denn so war es wohlgefällig vor dir. Alles ist mir übergeben worden von meinem Vater; und niemand erkennt den Sohn als nur der Vater,* ***noch erkennt jemand den Vater als nur der Sohn, und der, dem der Sohn [ihn] offenbaren will.*** *Kommt her zu mir, alle ihr Mühseligen und Beladenen! Und ich werde euch Ruhe geben. Nehmt auf euch mein Joch, und lernt von mir! Denn ich bin sanftmütig und von Herzen demütig, und „ihr werdet Ruhe finden für eure Seelen"; denn mein Joch ist sanft, und meine Last ist leicht* (Mt 11,25-30).

In diesem Abschnitt steht, dass niemand den Sohn kennt, außer dem Vater, und niemand den Vater kennt, außer dem Sohn. Wir alle haben ja ein bestimmtes Bild von Gott, zum Beispiel Gott als Vater. Aber dieser Vers macht deutlich, dass wir alle ein falsches Bild von Gott haben. Die gute Nachricht ist, dass Jesus uns den Vater offenbaren möchte. Die Bedingung dafür ist, dass wir in eine Position der Abhängigkeit von ihm kommen wollen. Darum sagt Jesus, dass den Vater zu kennen etwas Verborgenes ist. Es bleibt denen verborgen, die es selbst mit ihrem Verstand zu entdecken versuchen (die Weisen und Verständigen). Jesus sagt, dass es Kindern (Unmündigen) offenbart wird. Eines der Merkmale eines Kindes ist, dass es keine Mühe damit hat, abhängig zu sein. Und es fällt ihm oft leicht zu vertrauen.

Dann schwenkt Jesus mit einem Mal um: „Kommt her zu mir, alle ihr Mühseligen und Beladenen! Und ich werde euch Ruhe geben." Damit sagt er, dass er dich kennt, schon bevor du ihn selbst kennenlernst. Er kennt deine Mühe und weiß, was du brauchst. Damit weitet Jesus das Ziel, den Vater zu kennen, aus. Tatsächlich sagt er: „Ich tue das nicht nur, damit du mich kennenlernst. Sondern du kannst dadurch auch verändert werden. Sobald du den Vater und mich kennenlernst, wie wir wirklich sind, findest du Ruhe für deine Seele."

Dies ist auch in der *Message*-Übersetzung ein sehr schöner Abschnitt. Ich möchte ein paar Sätze daraus anführen:

Hier handelt es sich um eine einzigartige Vater-Sohn-Aktion, die aus der Vertrautheit und dem sich Kennen von Vater und Sohn hervorgeht. […]
Komm mit mir mit, und du wirst dein Leben wiederfinden.[1]

Adam und Eva

Ich denke, dass es aber doch Menschen gab, die den Vater wirklich kannten. Na klar, Adam und Eva. Der Vater wandelte und redete mit ihnen – auf Herzensebene. Das aber war vor dem Sündenfall. Durch den Sündenfall wurden sie der Intimität mit dem Vater entfremdet. Sie verloren sowohl die Verbindung mit dem Vater als auch den Geist.

---

[1] *This is a unique Father-Son operation, coming out of Father and Son intimacies and knowledge […] Get away with me and you'll recover your life.*

Gott der Vater erscheint nach dem Sündenfall im Garten. Er ruft: „Adam, wo bist du?“ Diese vier Worte kann man nun sehr unterschiedlich verstehen. Hört man diese Frage vor dem Hintergrund eines strengen Vaters, versteht man: „Adam, wo bist du! Was ist hier los, hast du etwa in meinem Garten gesündigt? Hau ab, verschwinde aus meinem Garten. Ich werde dafür sorgen, dass du auch nicht mehr hineinkommst. Ich stelle vor dem Eingang Engel mit feurigen Schwertern auf.“ Aber man kann diese Worte auch durch die Brille eines Vaters lesen, der gerade seine Kinder verloren hat. Mit Tränen in den Augen und einem gebrochenen Herzen ruft er: „Adam, wo bist du?“ Er weiß ja, wo Adam ist, aber er möchte zum Ausdruck bringen, dass er weiß, was geschehen ist. Mit sanfter Hand führt er sie dann aus dem Garten, weil darin der Baum des Lebens steht. Würden sie in ihrem sündigen Zustand von diesem Baum essen, blieben sie für immer in diesem Zustand.

Adams Reaktion darauf: „Ich habe mich versteckt, weil ich Angst hatte ...“ Angst wovor? Hatten Adam und Eva vor dem Sündenfall auch nur einen Moment lang Angst vor Gott, dem Vater? Ganz und gar nicht! Hat sich der Vater durch die Sünde von Adam und Eva verändert? Natürlich nicht! Das kann also nur eins bedeuten: Durch die Sünde verändert sich unser Bild von Gott. Darum kennt niemand den Vater und können wir ihn nur durch Offenbarung so kennenlernen, wie er wirklich ist. Und aus diesem Grund lässt Gott der Vater in seinem Wiederherstellungsplan Pfingsten stattfinden. Es ist wichtig, dass der Geist aufs Neue zurückkehrt und dem Menschen geschenkt wird. Nur dann wird unser Leben wiederhergestellt und werden wir aufs Neue mit dem verbunden, der das Leben ist.

Der grüne Mensch

Dazu möchte ich gerne ein Beispiel anführen. Eines, von dem James Jordan in seinem Buch *The Ancient Road Rediscovered* („Der alte Weg neu entdeckt“) schreibt. Er möchte durch die Vorstellung, Menschen eine Farbe zu geben, etwas verdeutlichen. Schon C. S. Lewis gab Menschen eine Farbe. Man denke an „Die grüne Frau“ in seinem Buch „Der silberne Sessel“ (Die Chroniken von Narnia 6). James sagt es folgendermaßen: Stelle dir vor, Adam und Eva seien grün gewesen. Grün ist keine Primärfarbe. Sie ist aus Gelb und Blau aufgebaut. Gelb ist das Irdische und Blau ist die Farbe des Himmlischen. Zusammen ergeben das Irdische und das Himmlische die Farbe Grün, die Farbe des Menschen. Aber in dem Moment, in dem Adam und Eva sich entscheiden, nicht länger in Abhängigkeit von Gott zu leben und sich von ihm zu entfernen, verlieren die Menschen das Himmlische, den Geist. Was übrig bleibt ist das Irdische. Der Mensch, der grün sein sollte, ist gelb geworden. Sie versuchen sogar noch, das zu maskieren, indem sie sich mit grünen Feigenblättern bedecken. Aber man kann nicht von außen her verändern, was im Innern ist. Und so ist es noch immer. Egal, wieviel „Gutes“ du tust, deine gelbe Natur kannst du damit nicht verändern. In Bezug auf den gelben Menschen ist es treffend, Gehorsam mit den grünen Feigenblättern zu vergleichen, mit denen er sich bedeckt. Man arbeitet am Äußeren, aber innerlich verändert sich nichts.

Vielleicht kannst du dir jetzt vorstellen, dass wir Pfingsten bitter nötig haben. Nicht einfach als einen Feiertag, den wir eben begehen. Nein, als Erinnerung an die Tatsache, dass dem natürlichen Menschen das Geistliche hinzugefügt werden kann.

Der Heilige Geist

Es ist wichtig, uns dessen bewusst zu werden, dass der Heilige Geist nicht nur ein kleines Extra für Christen ist. Er ist ein wesentlicher Teil im Plan des Vaters! Was der Vater möchte, ist, sich selbst mit seinem Geist durch den Menschen offenbaren zu können. Darin ist Jesus das perfekte Vorbild für uns. Er kam als Mensch in die Welt. Er hatte all seine Macht und Majestät im Himmel zurückgelassen. Dadurch wurde er auf der Erde abhängig vom Heiligen Geist. Auf diese Weise veranschaulicht

Jesus, was als Mensch mit dem Heiligen Geist möglich ist. Außerdem zeigt er uns, dass dadurch Gottes Plan zur Wirkung kommen kann.

Wer mich gesehen hat, hat den Vater gesehen (Joh 14,9).

Die Frage ist nun: Wie können wir dafür sorgen, dass Gott sich *durch uns hindurch* offenbaren und wahrnehmbar anwesend sein kann? Ich möchte mit einem großartigen Beispiel beginnen.

Petrus

Mein Blick fällt auf Petrus. Er wird als einer der Ersten von Jesus ausgewählt, ihm zu folgen. Es fängt schon damit an, wie Jesus an ihn herantritt. Jesus lässt Petrus nicht von jemand anderem abholen. Nein, Jesus geht selbst hinunter zum See Genezareth. Er sucht Petrus dort auf, wo er wohnt, arbeitet und lebt. Darüber habe ich schon in meinem ersten Buch „Das Herz des Vaters entdecken" geschrieben. Darin erzähle ich die Geschichte vom übernatürlichen Fischfang. Diesem Wunder ging das „Wunder des Nichtsfangs" voraus! All das hat Jesus mit nur einem Ziel inszeniert: das Fischerherz von Petrus zu erreichen! Und das gelang ihm, jedoch auf eine völlig andere Weise, als wir denken würden. Jesus kam nicht mit einer ausgefallenen Präsentation. Er ködert Petrus nicht damit, dass er als Sohn Gottes lauter Wunder tun kann und dass Petrus sich sehr privilegiert fühlen muss, weil Jesus ihn ausgewählt hat. Nein, tatsächlich sagt er nichts über sich selbst. Er lässt Petrus spüren, dass er an ihm interessiert ist.

Was ich nun hervorheben möchte, ist Petrus' Reaktion.

Als aber Simon Petrus es sah, fiel er zu den Knien Jesu nieder und sprach: Geh von mir hinaus! Denn ich bin ein sündiger Mensch, Herr (Lk 5,8).

Was geschieht hier? Petrus wird mit der Herrlichkeit konfrontiert, die Jesus in sich hat. Diese Herrlichkeit ist für Petrus wie ein Spiegel, und wie niemals zuvor sieht er seine eigene Sündhaftigkeit. Dadurch disqualifiziert er sich, ein Nachfolger Jesu sein zu können und sagt zu ihm: Ich bin nicht würdig, in deiner Gegenwart zu sein! In dem Moment sagt Jesus zu Petrus: „Komm, folge mir nach."

> *Und er spricht zu ihnen: Kommt, mir nach! Und ich werde euch zu Menschenfischern machen. Sie aber verließen sogleich die Netze und folgten ihm nach* (Mt 4,19-20).

In der *Passion*-Übersetzung können wir noch einen wunderschönen Zusatz entdecken.

> *Jesus rief sie heraus, indem er sagte: „Kommt und folgt mir nach und* ***ich werde euch verwandeln*** *in Männer, die Menschen für Gott fischen"* (Mt 4,19 TPT).[2]

Jesus sagt hier eigentlich: „Komm, folge mir, und ich werde dich *unterwegs* verwandeln!" Das ist interessant. Jesus fordert hier einen Sünder auf, ihm nachzufolgen, und Petrus fängt an, Jesus zu folgen, als er noch nicht verwandelt ist. Um das in Farben auszudrücken: Jesus fordert den „gelben" Petrus auf, ihm nachzufolgen. Er verlangt von uns also nicht zuerst eine Veränderung, die uns ermöglichen würde, ihm zu folgen. Mit anderen Worten:

Wir sollen nicht versuchen, ein Jünger Christi zu werden,
damit wir ihm folgen können.
Nein, wir müssen ihm folgen,
damit wir ein Jünger von ihm werden *können*!!

---

[2] *Jesus called out to them and said, „Come and follow me, and I will transform you into men who catch people for God."*

Jesus fordert einen unveränderten Petrus auf, ihm nachzufolgen. Er betont damit, dass auch wir nicht selbst versuchen sollen, uns zu verändern! Die Gesellschaft glaubt, dass man seine Unzulänglichkeiten durch eigene moralische Anstrengungen selbst beseitigen kann: Man muss sein Bestes geben, versuchen, gehorsam zu sein, ein besserer Mensch werden wollen. Als Christen müssen wir verstehen lernen, dass wir nicht in der Lage sind, aus eigener Kraft *nicht* zu sündigen. Wir sind auch nicht in der Lage, die Folgen der Sünde für uns selbst zu „reparieren“.

Zeit zum Nachsinnen

Es ist vielleicht gut, den letzten Teil nochmals zu lesen. Die ganze Gesellschaft, und oft auch die Kirche bzw. Gemeinde, haben uns gesagt, dass wir unser Bestes geben müssen. Aber Jesus sagt uns, dass wir das nicht können und dass Abhängigkeit von ihm die einzige Lösung ist. Und dass das Wichtigste ist, dass er uns schon *vor* dieser Veränderung vollständig annimmt. Er liebt uns so, wie wir sind!

Zurück zu Petrus

Obwohl Petrus innerlich noch nicht verwandelt ist, hat doch schon eine gewisse Veränderung bei ihm stattgefunden. Er ist zu dem Schluss gekommen, dass er – durch Gnade – einer Verwandlung bedarf! Das ist die Antwort auf die Frage, die ich gestellt habe: „Wie können wir dafür sorgen, dass Gott sich *durch uns hindurch* offenbaren und wahrnehmbar anwesend sein kann?“ Die Antwort ist: Wir müssen uns dessen bewusst sein, dass wir das nicht können und dass Gott dies auch weiß. Aber auch, dass er uns annimmt, wie wir sind, und dass wir ihn brauchen, um verändert zu werden.

Saulus

Es gibt in der Bibel noch mehr Beispiele dafür, dass Gott uns annimmt, bevor wir verändert sind. Ein weiteres, sehr schönes Beispiel ist das von Saulus. Saulus setzt sich in rechter Weise für Gott ein, denkt er. Er will Gott helfen, eine Irrlehre auszurotten. Darum verfolgt er die Christen, wo er nur kann. Deshalb ist er auch auf dem Weg nach Damaskus, um Christen hinter Schloss und Riegel zu bringen.

> *Saulus aber schnaubte immer noch Drohung und Mord gegen die Jünger des Herrn, ging zu dem Hohen Priester und erbat sich von ihm Briefe nach Damaskus an die Synagogen, damit, wenn er einige, die des Weges waren, fand, Männer wie auch Frauen, er sie gebunden nach Jerusalem führte* (Apg 9,1-2).

Ich stelle mir vor, wie Gott sich das alles aus dem Himmel ansieht. Während er Saulus sieht, wie er so auf dem Weg nach Damaskus ist, sagt er zu einigen seiner Engel: „Er gefällt mir, dieser Saulus." Worauf die Engel reagieren: „Äähm, sorry, jetzt irrst du dich aber, Gott. Das ist Saulus! Er wirft Christen ins Gefängnis und ermordet sie sogar!" Gott antwortet: „Nein, nein, ich täusche mich nicht. Es braucht bei ihm hier und dort noch etwas Veränderung, aber das kriege ich schon hin."

Den Rest der Geschichte kennen wir. Wir sehen, dass Gott auch den „gelben", unveränderten Saulus auswählt. Gott bringt Saulus in eine Lage, in der ihm die Erfahrung zuteilwird, dass er selbst es nicht kann. Er macht ihn blind. Eigentlich hat sich in Saulus noch nichts verändert, aber er erkennt, dass er Hilfe braucht. Jetzt kann der Veränderungsprozess beginnen.

Traust du dich, zuzugeben, dass du aus dir selbst heraus Gott nicht dienen kannst?

Sünde, Gerechtigkeit und Urteil

In Johannes 16 steht ein Vers, in dem von Sünde, Gerechtigkeit und Gericht die Rede ist.

> *Und wenn er gekommen ist, wird er die Welt überführen von Sünde und von Gerechtigkeit und von Gericht* (Joh 16,8).

Mit diesem Text bin ich nie wirklich glücklich geworden. Er handelt vom Heiligen Geist, der in die Welt kommt. Hm, dann sind wir ja schon mitten im Thema!

Wenn ich diesen Text las, überkam mich immer ein Unbehagen. Das Gericht kommt! Vorsicht, pass auf, mache nichts falsch.

Inzwischen lese ich ihn völlig anders. Ich lese ihn mit der Erfahrung, die auch Petrus und Saulus zuteilwurde. Der Heilige Geist ist gekommen und möchte uns einen Spiegel vorhalten. Er zeigt seine Herrlichkeit, und genau wie bei Petrus geht es darum, dass wir unsere Sündhaftigkeit erkennen und einsehen. Die *Amplified*-Übersetzung enthält noch einen wunderbaren Zusatz.

> *Und wenn er kommt, wird er die Welt von* **[der Schuld der]** *Sünde überzeugen* **[und der Notwendigkeit eines Retters]**, *und von Gerechtigkeit und Gericht: [...] von Gericht [der Gewissheit, dass es kommt], weil der Fürst dieser Welt (Satan) gerichtet und verurteilt ist* (Joh 16,8.11 AMP).[3]

Hier lesen wir, dass die Aufgabe des Heiligen Geistes ist, uns die Schuld der Sünde erkennen zu lassen. Nicht, um daraufhin zu sagen, dass wir aufgrund dieser Schuld von Gott verurteilt werden. Nein, er sagt, dass er den Schuldigen richten und

---

[3] *And He, when He comes, will convict the world about [the guilt of] sin [and the need for a Savior], and about righteousness, and about judgment: [...] about judgment [the certainty of it], because the ruler of this world (Satan) has been judged and condemned.*

verurteilen wird. Und dieser Schuldige ist Satan. Was Gott erreichen möchte, ist, dass uns klar wird, dass wir sündig sind und darum einen Retter brauchen! Jetzt kann ich diesen Text lesen, ohne Angst zu haben, dass ich nicht gut genug sein könnte. Ich weiß jetzt ganz sicher, dass ich das nicht bin! Aber auch, dass ich jetzt in einen Prozess eingetreten bin, in dem Gott mich verändern will und kann.

Es nicht für einen Raub halten, Gott gleich zu sein

Wenn wir von Pfingsten sprechen, kommt natürlich auch immer schnell der Abschnitt aus Apostelgeschichte 1 in den Sinn. Dort ist auch die Rede von der Kraft, die auf uns kommt.

> *Aber ihr werdet Kraft empfangen, wenn der Heilige Geist auf euch gekommen ist; und ihr werdet meine Zeugen sein, sowohl in Jerusalem als auch in ganz Judäa und Samaria und bis an das Ende der Erde* (Apg 1,8).

Es gibt noch etwas, das ich hier kurz hervorheben möchte. Wir haben gesehen, dass Gott die Initiative ergreifen möchte. Bedienen wir uns nochmals der Farben. Gott akzeptiert uns als „gelben" Menschen. Er weiß nur allzu gut, dass dieser gelbe Mensch niemals von sich selbst aus Gottes Ziel mit ihm erreichen kann. Aber hier kommt Pfingsten ins Spiel. Gott tut die Möglichkeit einer inneren Verwandlung auf. Die gelbe Natur wird nicht weggenommen, sondern er fügt die „blaue", geistliche Natur hinzu. Dadurch werden wir wieder ... „grün". Was in unserem Inneren geschieht, ist eine Machtübergabe. Dort, wo unsere gelbe Natur immer der Herr im Haus war, gilt es, diese Macht unserer neuen, geistlichen Natur zu übertragen. Das Gelb verschwindet nicht, sondern wir unterstellen es mit unserem freien Willen dem Blau des Geistes.

Lasst uns schauen, wie Jesus hiermit umgegangen ist. Er ist unser Vorbild! Schauen wir uns den Philipperbrief an.

> *Habt diese Gesinnung in euch, die auch in Christus Jesus [war], der in Gestalt Gottes war und es nicht für einen Raub hielt, Gott gleich zu sein. Aber er entäußerte sich und nahm Knechtsgestalt an, indem er den Menschen gleich geworden ist [...]* (Phil 2,5-8).

Dieser Text scheint auf den ersten Blick vielleicht etwas schwierig zu sein, aber so schlimm ist es gar nicht. Hier steht, dass Jesus Mensch geworden ist wie wir. Er war Mensch, als er damals den Heiligen Geist empfing. Dieser Geist befähigte ihn, alles tun zu können. Durch die Kraft des Geistes war es ihm möglich, Blinde wieder sehend zu machen, Taube hörend, Lahme wieder gehen zu lassen, Fisch und Brot zu vermehren, Stürme zu stillen und Tote wieder zum Leben zu erwecken. Weil er den Geist hatte, konnte er alles tun. Aber was sagt Jesus von sich selbst?

> *Da antwortete Jesus und sprach zu ihnen: Wahrlich, wahrlich, ich sage euch: Der Sohn kann nichts von sich selbst tun, außer was er den Vater tun sieht; denn was der tut, das tut ebenso auch der Sohn* (Joh 5,19).

Jesus ist durch den Geist in der Lage, alles tun zu können, legt diese Fähigkeit aber freiwillig nieder. Stattdessen entscheidet er sich, in der Abhängigkeit vom Vater zu leben und zu wirken! Er hat das Gott-Gleich-Sein nicht benutzt, um sich selbst „an die Arbeit“ zu machen. Ganz subtil vermittelt uns Paulus in seinem Brief an die Philipper: *„Habt diese Gesinnung in euch, die auch in Christus Jesus war ...“*

Es ist wichtig, zu begreifen, dass Pfingsten uns zwar mit Kraft ausstattet, es aber nicht Sinn der Sache ist, diese Kraft auf eigene Faust benutzen.

Kaffeepause

Wir gehen noch einen Schritt weiter darin, das Geheimnis von Pfingsten zu entdecken. Und wir werden auch schauen, welche Auswirkungen dies auf unser Leben haben kann. Du kannst jetzt auch einfach sagen: „Ich brauche eine Pause. Ich möchte zuerst alles verdauen, bevor ich weiterlese.“ Dann bist du in guter Gesellschaft, denn während des Schreibens habe ich an dieser Stelle auch erstmal einen Kaffee getrunken.

Der Geist erforscht alle Dinge

Wir alle haben unseren eigenen Geist. Das wissen wir. Unser Geist weiß alles über uns. Man kann nicht zu seinem Geist sagen: „Hör mal, schau doch mal in die andere Richtung. Ich möchte lieber nicht, dass du weißt, was ich jetzt tue.” Als ich Anneke heiratete, kam jemand in mein Leben, der auch wissen möchte, wer ich bin. Daran kann ich arbeiten, indem ich ihr von mir erzähle und wir Zeit miteinander verbringen und damit auch gemeinsam Dinge erleben. Aber ich habe festgestellt, dass sie am liebsten reden möchte, und dass das etwas ist, worin ich nun doch nicht so gut bin .... Natürlich möchte ich Anneke auch besser kennenlernen. Ich möchte sie verstehen. Aber das ist nicht so einfach. Anneke ist eine Frau und ich bin ein Mann! Darüber schrieb auch Paulus in seinem Brief an die Korinther. Als ich das auf mich wirken ließ und anfing, den Zusammenhang mit Pfingsten zu erkennen, war ich verblüfft. Lass es uns einmal lesen.

> *Uns aber hat Gott es offenbart durch den Geist, denn der Geist erforscht alles, auch die Tiefen Gottes. Denn wer von den Menschen weiß, was im Menschen ist, als nur der Geist des Menschen, der in ihm ist? So hat auch niemand erkannt, was in Gott ist, als nur der Geist Gottes. Wir aber haben nicht den Geist der Welt empfangen, sondern den Geist, der aus Gott ist, damit wir die [Dinge] kennen, die uns von Gott geschenkt sind* (1 Kor 2,10-12).

Um nun zu meinem Beispiel mit Anneke zurückzukehren: Es wird deutlich, dass es unmöglich ist, dass Anneke mich, bzw. ich sie, vollständig kennenlernen kann. Um das zu erreichen, müsste es möglich sein, meinen Geist mit ihr zu teilen. Und umgekehrt brauche ich ihren Geist, um sie völlig zu kennen, wie sie wirklich ist.

Lesen wir nun den entsprechenden Abschnitt aus der *Message*-Übersetzung.

> *Der Geist, der sich nicht damit zufriedengibt, an der Oberfläche zu flattern,* ***taucht in die Tiefen Gottes ein*** *und bringt das zum Vorschein, was Gott schon vor sehr langer Zeit geplant hat. Wer weiß nun wirklich, was du denkst und planst, außer dir selbst? So ist es auch bei Gott –* ***nur dass er nicht nur weiß, was seine Gedanken sind, sondern sie auch mit uns teilt.***[4]

Wow!!!

An Pfingsten schenkt Gott der Vater uns seinen Geist, damit wir ihn kennenlernen können, wie er *wirklich* ist! Das heißt, dass du Gott sogar besser kennenlernen kannst als deinen Mann, deine Frau oder deinen besten Freund. Jetzt verstehe ich auch, dass Jesus sagt: *„Niemand kennt den Vater als nur der Sohn und wem es der Sohn offenbaren will."* Langsam, aber sicher, verstehe ich Gottes Plan mit uns. Das ist natürlich nur der erste Schritt, denn jetzt ist es wichtig, es auch in der Praxis zu sehen. Aber darüber brauchen wir uns keine Sorgen zu machen. Wie schon zu Petrus sagt er auch zu uns: „Folge mir einfach nach, dann werde ich dich unterwegs schon verwandeln!"

Sei vollkommen

Wenn ich das las, dachte ich oft: „Okay, sonst noch was, Gott?" Sei vollkommen! Wie kommt er dazu? Was ich tat, war, diese Forderung meiner irdischen (gelben) Natur aufzuerlegen.

---

[4] *The Spirit, not content to flit around on the surface, dives into the depths of God, and brings out what God planned all along. Who ever knows what you're thinking and planning except you yourself? The same with God—except that he not only knows what he's thinking, but he lets us in on it.*

Das kann schnell für viel Frust sorgen. Es gab Zeiten, in denen ich es aus mir herausgerufen habe: „Es geht nicht Gott, ich kann das nicht!“ Mir war nicht klar, dass ich genau dort angekommen war, wo Gott mich haben wollte. Der Ort, an dem ich erfahre, dass ich es selbst nicht kann und meinen Vater brauche. Langsam, aber sicher fing ich an zu glauben, dass das, was Jesus im Matthäusevangelium sagt, nicht unerreichbar ist.

> *Ihr nun sollt vollkommen sein, wie euer himmlischer Vater vollkommen ist* (Mt 5,48).

Vollkommen **sein** wie dein himmlischer Vater.

Er **ist** wie ein Vater.

Darum darfst du sein Kind **sein**.

Lass mich dir eine Frage stellen: Musst du gehorsam sein, um ein Kind deines Vaters zu sein? Nein, oder? Es geht nicht darum, was du *tust*, sondern wer du *bist*. Der Vater sagt: „Ich bin, der ich bin.“ Und weil er *ist*, dürfen wir *sein*.

> *Da sprach Gott zu Mose:* ***„Ich bin, der ich bin.“*** *Dann sprach er: So sollst du zu den Söhnen Israel sagen: [Der] „Ich bin“ hat mich zu euch gesandt* (2 Mose 3,14).

Beispiel

Ein Vater wohnte mit seinem Sohn in einem Dorf. Nachdem sein Sohn mit der Ausbildung fertig war, zog er in eine Stadt, die in einiger Entfernung lag. Nach einiger Zeit starb sein Vater und der Sohn kam zurück, um sich um das Begräbnis zu kümmern. Nach ein paar Jahren wollte der Sohn seinen Geburtsort nochmal besuchen. So lief er auch durch die Straße, in der er aufgewachsen war. Als er an seinem Elternhaus vorbeilief, hörte er etwas hinter sich. Er drehte sich um und sah zu seiner Überraschung den alten Nachbarn, der totenbleich aus seinem Haus kam. „Nachbar“, sagte der Sohn, „was ist los?“ Darauf sagte der Nachbar: „Tu das bitte nie wieder! Ich bin bis ins Mark erschrocken! Du liefst an meinem Fenster vorbei und ich dachte, ich hätte deinen Vater laufen sehen."

Der Sohn hatte dieselbe Gangart wie sein Vater. Was denkst du, wie lange er dafür üben musste? Genau: gar nicht. Er hatte dieselbe Gangart, weil er der Sohn seines Vaters war. So verhält es sich auch mit uns und unserem himmlischen Vater.

Das neue Leben

Auch im Alten Testament finden sich wunderschöne Beispiele, durch die uns der Vater zeigt, was er vorhat. Im ersten Kapitel haben wir anhand des „Vaterunser" schon etwas davon gesehen. Aber ich möchte in diesem Zusammenhang auch noch einen Abschnitt aus Hesekiel anführen.

> *Und ich werde euch ein neues Herz geben und einen neuen Geist in euer Inneres geben; und ich werde das steinerne Herz aus eurem Fleisch wegnehmen und euch ein fleischernes Herz geben. Und ich werde meinen Geist in euer Inneres geben; und ich werde machen, dass ihr in meinen Ordnungen lebt und meine Rechtsbestimmungen bewahrt und tut* (Hes 36,26-27).

Du siehst, dass Gott hier schon verheißt, dass er seinen Geist in unser Innerstes geben wird! Doch da steht noch mehr. Er gibt uns auch ein neues Herz und entfernt darüber hinaus sogar das steinerne Herz. In Vers 27 können wir die Verheißung lesen, die Jesus später Petrus gibt. Frei übersetzt sagt er: „Ich werde dafür sorgen, dass du meinen Willen tun und meinen Weg gehen kannst." Ganz am Ende des Neuen Testaments, im Buch Offenbarung, steht etwas Ähnliches.

> *Lasst uns fröhlich sein und jubeln und ihm die Ehre geben; denn die Hochzeit des Lammes ist gekommen, und seine Frau hat sich bereitgemacht. Und ihr wurde gegeben, dass sie sich kleidete in feine Leinwand, glänzend, rein; denn die feine Leinwand sind die gerechten Taten der Heiligen* (Offb 19,7-8).

Hier zeigt uns der Vater ebenfalls, dass wir ihn nicht nur kennen können, sondern dass er uns faktisch „die gerechten Taten" gibt! Er gibt uns, was er in seinem Vaterherzen hat. Das ist Gottes Plan. Durch dieses neue Leben wird er für andere in uns sichtbar. Wir sind nicht länger Arbeiter für Gott. Jetzt können wir diese *Sohnschaft* auch ausleben. Statt nur ein Kind *von* Gott zu sein, können wir jetzt auch ein Sohn oder eine Tochter *für* ihn sein! Das ist es, worauf die Welt wartet! Paulus schreibt darüber in seinem Brief an die Römer.

> *Denn das sehnsüchtige Harren der Schöpfung wartet auf die Offenbarung der Söhne Gottes* (Röm 8,19).

Die Welt wartet nicht auf die Söhne Gottes, sondern darauf, dass die Söhne Gottes *sichtbar* werden (damit sind sowohl Männer als auch Frauen gemeint).

Niemand kennt den Vater ...

Mit diesem Satz haben wir das Kapitel eigentlich angefangen. Nun ist „niemand" aber doch eine sehr starke Aussage. Schauen wir uns nochmal einige Menschen aus dem Alten Testament an. Nennen wir ein paar Namen, von denen wir denken würden, dass sie Gott sehr wohl kannten. Mir kommen dann Abraham, Mose und David in den Sinn, und es gibt noch viele mehr. Wie kann Jesus nun sagen, dass niemand den Vater kennt als nur er und wem er es offenbaren will?

Schauen wir uns Mose an.

> *Und nun, wenn ich also Gunst gefunden habe in deinen Augen, [dann] lass mich doch deine Wege erkennen,* ***sodass ich dich erkenne****, damit ich Gunst finde in deinen Augen, und bedenke, dass diese Nation dein Volk ist!* (2 Mose 33,13).

Mose bittet Gott hier darum, ihn kennen zu dürfen. Mit dieser Frage bringt Mose Gott etwas in die Bredouille. Der weiß nämlich schon, dass Jesus im Neuen Testament sagen wird, dass *niemand* Gott kennt. Auf der anderen Seite ist Mose wirklich ein Freund Gottes. Also beschließt Gott, für Mose einen Zipfel des Schleiers zu lüften.

> *Er aber sagte: Lass mich doch deine Herrlichkeit sehen! Er antwortete: Ich werde all meine Güte an deinem Angesicht vorübergehen lassen und den Namen Jahwe vor dir ausrufen: Ich werde gnädig sein, wem ich gnädig bin, und mich erbarmen, über wen ich mich erbarme. Dann sprach er: Du kannst [es] nicht [ertragen], mein Angesicht zu sehen, denn kein Mensch kann mich sehen und am Leben bleiben. Weiter sagte der HERR: Siehe, [hier] ist ein Platz bei mir, da sollst du dich auf den Felsen stellen. Und es wird geschehen, wenn meine Herrlichkeit vorüberzieht, dann werde ich dich in die Felsenhöhle stellen und meine Hand schützend über dich halten, bis ich vorübergegangen bin. Dann werde ich meine Hand wegnehmen, und du wirst mich von hinten sehen; aber mein Angesicht darf nicht gesehen werden* (2 Mose 33,18-23).

Gott macht es Mose sehr deutlich. Er sagt, es sei für Mose unmöglich, sein Angesicht zu sehen und am Leben zu bleiben! Das sind klare Worte. Und dass Mose Gottes Angesicht nicht gesehen hat, ist auch deutlich, da er noch lebendig war, als er wieder vom Berg hinabstieg. Aber Gott tut etwas anderes. Er sagt zu Mose, dass er seinen Glanz und seine Herrlichkeit an ihm vorübergehen lassen und seinen Namen ausrufen wird!

> *Und der HERR ging vor seinem Angesicht vorüber und rief: Jahwe, Jahwe, Gott,* ***barmherzig*** *und* ***gnädig, langsam zum Zorn*** *und* ***reich an Gnade*** *und* ***Treue*** *[...]* (2 Mose 34,6).

So gibt sich Gott dem Mose zu erkennen. Er spricht alle Charaktereigenschaften vor Mose aus, aus denen sein Name besteht. Es gibt noch jemanden, der den Vater auf diese Weise kennt: David. In Psalm 86 schreibt er.

> *Du aber, Herr, bist ein barmherziger und gnädiger Gott, langsam zum Zorn und groß an Gnade und Wahrheit* (Ps 86,15).

Und noch jemanden gibt es, den ich nennen möchte. Denn er beschreibt Gott auf genau dieselbe Weise wie Mose und David: der Prophet Jona.

> *Und er betete zum HERRN und sagte: Ach, HERR! War das nicht meine Rede, als ich noch in meinem Land war? Deshalb floh ich schnell nach Tarsis! Denn ich wusste, dass du ein gnädiger und barmherziger Gott bist, langsam zum Zorn und groß an Güte, und einer, der sich das Unheil gereuen lässt* (Jona 4,2).

Hier sehen wir, dass Jona Gottes Charaktereigenschaften genau kennt. Er beschreibt ihn völlig korrekt. Aber der große Unterschied zu Mose und David ist, dass Jona nicht wie Gott sein möchte. Er nannte Gottes Eigenschaften, um sie ihm vorzuwerfen! Aber was Gott der Vater von uns möchte, ist, dass wir seine Charaktereigenschaften nicht nur kennen, sondern auch danach verlangen, wie er zu sein.

Im Alten Testament konnte der Heilige Geist zwar eine bestimmte Zeit lang auf jemandem ruhen. Aber niemand im Alten Testament hat erlebt, dass Gott kam, um in seinem Innersten zu wohnen. Das geschah an Pfingsten, und im Alten Testament hat das niemand erlebt. Auf diese Weise kannte niemand den Vater, bis Jesus ihn geoffenbart hat!

Die Auswirkung von Pfingsten

Wir sind am Ende dieses Kapitels angelangt. Was dürfen wir nun von Pfingsten erwarten? Manchmal begegnen wir Menschen, die die geistlichen Gaben kraftvoll ausüben können. Sie sprechen dann zum Beispiel in verschiedenen Zungen oder haben besondere prophetische Gaben. Es gibt auch Menschen, die alles, was sie haben, für das Evangelium hergeben.

Vielleicht kennst du solche Menschen und dachtest manchmal: Und ich …?

Darf ich dich auf ein paar weitere Verse aus Paulus' Brief an die Korinther einladen?

Wenn ich in den Sprachen der Menschen und der Engel rede, ***aber keine Liebe habe,*** *so bin ich ein tönendes Erz geworden oder eine schallende Zimbel. Und wenn ich Weissagung habe und alle Geheimnisse und alle Erkenntnis weiß, und wenn ich allen Glauben habe, sodass ich Berge versetze,* ***aber keine Liebe habe,*** *so bin ich nichts. Und wenn ich alle meine Habe zur Speisung [der Armen] austeile und wenn ich meinen Leib hingebe, damit ich Ruhm gewinne,* ***aber keine Liebe habe,*** *so nützt es mir nichts* (1 Kor 13,1-3).

Die Bibel sagt: „Gott ist Liebe." Lies obigen Bibeltext jetzt nochmal und setze dabei statt dem Wort „Liebe" das Wort „Vater" ein.

Es ist auch hilfreich, diesen Abschnitt zusammen mit dem Vers zu sehen, in dem Jesus sagt, dass er *„es nicht für einen Raub hielt, Gott gleich zu sein"*. Es ist also möglich, das Geistliche, das wir von Gott empfangen haben, aus eigenem Antrieb zu gebrauchen. So ist es aber nicht gedacht.

Wir lieben, weil er uns zuerst geliebt hat (1 Joh 4,19).

So verhält es sich mit allen Charaktereigenschaften Gottes. Er möchte, dass wir sie zuerst erfahren: Liebe, Vergebung, Gnade, Barmherzigkeit … Dann, in dem Moment, in dem wir es in unserem Herzen empfangen haben, sagt er: „Jetzt gib es weiter." Dann kann die Welt durch den Leib Christi, durch die Gemeinde, den Vater kennenlernen, wie er wirklich ist.

Nun können wir dieses Kapitel mit der Fortsetzung von 1. Korinther 13 abschließen. Dieser Abschnitt zeigt, wie die Liebe von Gott dem Vater aussieht.

> *Die Liebe ist langmütig, die Liebe ist gütig, sie neidet nicht, die Liebe tut nicht groß, sie bläht sich nicht auf, sie benimmt sich nicht unanständig, sie sucht nicht das Ihre, sie lässt sich nicht erbittern, sie rechnet Böses nicht zu, sie freut sich nicht über die Ungerechtigkeit; sondern sie freut sich mit der Wahrheit, sie erträgt alles, sie glaubt alles, sie hofft alles, sie erduldet alles* (1 Kor 13,4-7).

Das ist genau, wie Mose und David es beschrieben haben: barmherzig und gnädig, langmütig, reich an Güte und Treue. Wie „bekommen“ wir das? Paulus sagt, dass es die Frucht des Geistes ist!

> *Die Frucht des Geistes aber ist, Liebe, Freude, Friede, Langmut, Freundlichkeit, Güte, Treue, Sanftmut, Enthaltsamkeit. Gegen diese ist das Gesetz nicht [gerichtet]* (Gal 5,22-23).

Wenn uns das mal nicht bekannt vorkommt! Hast du den Geist, kann auch die Frucht kommen.

Das ist Pfingsten:
Söhne und Töchter,
die in und aus seiner Gegenwart leben.

Ein Lied anhören

Lauren Daigle – *You say*[5]

I keep fighting voices in my mind that say I'm not enough
Every single lie that tells me I will never measure up
Am I more than just the sum of every high and every low?
Remind me once again just who I am,
because I need to know

[5] https://youtu.be/N8WK9HmF53w

You say I am loved when I can't feel a thing
You say I am strong when I think I am weak
You say I am held when I am falling short
When I don't belong, oh You say that I am Yours
And I believe, oh I believe
What You say of me
I believe
The only thing that matters now is everything You think of me
In You I find my worth, in You I find my identity,
Refrain
Taking all I have and now I'm laying it at Your feet
You have every failure God, and You'll have every victory,
Refrain
Oh I believe, yes I believe
What You say of me
Oh I believe

Zum Nachsinnen

Jetzt ist, denke ich, der richtige Moment, dir Zeit zu nehmen und den Vater bewusst zu bitten, dir zu zeigen, wer er wirklich ist. Wir brauchen eine persönliche Offenbarung, um ihn kennenzulernen, wie er wirklich ist. Aber wir brauchen auch Offenbarung, um zu erkennen, wer er *nicht* ist! Manchmal ist das Bild, das wir von Gott in unserem Kopf haben, anders als das etwas „verborgene" Bild in unserem Herzen. Empfange das Gebet, das Paulus dir zuspricht:

> *[...] dass der Gott unseres Herrn Jesus Christus, der Vater der Herrlichkeit, euch gebe [den] Geist der Weisheit und Offenbarung in der Erkenntnis seiner selbst* (Eph 1,17).

Leseempfehlung

Wenn du möchtest, kannst du in Hesekiel das ganze Kapitel 36 nochmals durchlesen. Es ist wunderbar, Gottes Reaktion auf das Versagen Israels auf dich wirken zu lassen.

Raum für Notizen

Kapitel 4

Ostern: Fest von gestern, heute und morgen?

Wie gesegnet sind alle die, in denen du lebst, deren Leben zu Wegen werden, auf denen du reist!

Psalm 84,5 TMB[1]

Unsere Bestimmung

Im letzten Kapitel haben wir ausführlich über die Absicht gesprochen, die der Vater mit Pfingsten verfolgt. Er will nicht nur, dass wir ein Fest feiern. Er möchte, dass unser Leben dadurch völlig verwandelt wird! In diesem Kapitel möchte ich das Osterfest in der Vergangenheit, der Gegenwart und in der Zukunft ansehen. Wir wissen, dass die Feste im Alten Testament ein Abbild von etwas Größerem sind, das in der Zukunft liegt. In Jesus wurde den Festen eine neue Dimension hinzugefügt, die wir heute erleben. Aber jetzt wird es spannend. Könnte es sein, dass Gott diesen Festen *eine weitere* Dimension hinzufügen möchte, die für uns in der heutigen Zeit gedacht ist? Eine neue Dimension, durch die die Gemeinde in ihre volle Bestimmung hineinfinden kann?

In meinen Konferenzen stelle ich oft die Frage: „Wenn Jesus zurückkommt, wozu kommt er dann eigentlich?" Meistens

---

[1] *And how blessed all those in whom you live, whose lives become roads you travel.*

antwortet dann jemand, dass er kommt, um seine Braut zu holen. Dann ist die nächste Frage: „Ist die Braut zum jetzigen Zeitpunkt schon für die Welt sichtbar?" Die Reaktion ist dann jedes Mal ein überdeutliches „Nein". Etwas muss sich also noch verändern. Wir können uns somit nicht darauf beschränken zu warten, bis Jesu Wiederkunft Realität geworden ist, nicht wahr? Und wenn wir erkennen, dass die Braut aus Söhnen und Töchtern von Gott dem Vater besteht, dann kann diese Veränderung nur durch uns hindurch geschehen.

Wie kann diese Veränderung geschehen?

Ich fange einmal damit an, wie es *nicht* gehen wird. Der Leib Christi wird seine Bestimmung als Braut nicht durch gutgemeinten Einsatz, einen Zwölf-Stufen-Plan, harte Arbeit, Hingabe usw. erreichen. Jedes einzelne dieser Dinge kann eine gute Sache sein, aber es geht um etwas anderes. Eine Braut zu sein, ist für die Gemeinde völlig neu. Wir haben es noch nie zuvor gesehen. Daher gibt es auch keinen Bezugsrahmen außer den Prophetien, die in der Bibel festgehalten sind. Doch beim Lesen einer Prophetie geht es einem wie einem Fisch auf dem Trockenen, solange einem die zugehörige Erfahrung noch nicht widerfahren ist.

Manchmal komme ich mit Leuten ins Gespräch, die sagen, die Gemeinde müsse wieder werden wie die erste Gemeinde. Ich verstehe zwar, was sie meinen: Diese Menschen wollen zurückbringen, was verloren gegangen ist. Dazu möchte ich jedoch eine Bemerkung machen: So schön die erste Gemeinde auch war, die Braut war darin nicht vollständig sichtbar. Ich stimme dem zu, dass wir der ersten Gemeinde ähnlicher werden müssen, aber danach muss es noch viel weiter gehen. Die einzige Möglichkeit für die Gemeinde, in ihre Position als Braut zu kommen, ist, dass sie Offenbarung direkt aus dem Herzen des Vaters empfängt. Deshalb ist die Offenbarung des Vaterherzens Gottes zum jetzigen Zeitpunkt die Kernbotschaft für die Gemeinde weltweit.

Ostern

Beginnen wir nun mit Ostern. Wir wissen natürlich alle, was an Ostern geschehen ist. Der Herr Jesus Christus, der Sohn Gottes, hat gelitten, wurde gekreuzigt und begraben und ist am dritten Tag wieder auferstanden. Die Frage ist nun: Warum musste Jesus sterben? Was ist das Ziel? Was führt es herbei? Auf diese Frage erhalte ich sehr oft die Antwort: „Er ist für unsere Sünden gestorben." Das ist natürlich wahr und von äußerster Wichtigkeit.

Aber es geht um mehr.

Als Jesus starb, starb das Opferlamm, das Lamm Gottes. Doch das geschah nicht nur, um die Sünden wegzunehmen. Die Sünden waren nicht Jesu Schwerpunkt und auch nicht der des Vaters! Denn das Wegnehmen der Sünden versetzt uns in die Lage, dass die Beziehung mit dem Vater wiederhergestellt werden kann. Worum es geht, ist, dem Menschen die Möglichkeit zu eröffnen, wieder nach Hause in die Arme des Vaters zu kommen. Das ist es, worauf er nach wie vor noch immer abzielt!

Schauen wir uns mal die Wiedergeburt an, den Prozess, dass wir von Neuem geboren werden.

Wiedergeburt und Sohnschaft

Dadurch, dass Jesus am Kreuz gestorben ist, den Tod überwunden hat und daraus auferstanden ist, wurde es für uns möglich, neues Leben zu empfangen. Damit ist nicht die Erneuerung deines alten Lebens gemeint. Nein, deinem Leben wird eine neue Dimension hinzugefügt. Du empfängst eine geistliche Natur, die deine menschliche Natur ergänzt. Diese neue, geistliche Natur kommt von Gott. Durch die Sünde waren wir von Gott getrennt. Jetzt, wo Jesus unsere Sünden getragen hat und wir das neue Leben von ihm empfangen können, ist es uns möglich, in eine intime Beziehung mit Gott dem Vater zu treten.

Man könnte sagen, dass Bekehrung und Wiedergeburt sozusagen „automatisch“ geschehen. Wenn du zu Jesus kommst, ihm für das dankst, was er für dich getan hat und Vergebung für deine Sünden empfängst, wirst du neu geboren. Es ist wichtig, in dieser Haltung zu Jesus zu kommen, damit du dieses neue Leben empfangen kannst. Aber es verhält sich nicht so, dass du dein Bestes dafür geben musst, um dieses neue Leben zu „erhaschen“. Du brauchst auch keine Kraftanstrengungen zu verrichten, damit du wiedergeboren wirst. Nein, die Wiedergeburt geschieht einfach.

Lange Zeit dachte ich, die Wiedergeburt sei das Ziel, für mich selbst und dadurch auch für andere. Ich dachte, das Wichtigste sei, wiedergeboren zu werden. Dadurch kommt man vom Reich der Finsternis ins Reich des Lichts! Man kommt in den Himmel statt in die Hölle. Das war mein Ziel. Ich wollte gerne in den Himmel kommen und war daher der Meinung, das müsse auch für andere das Wichtigste sein. Wir waren in der Evangelisationsarbeit deshalb oft auf Bekehrung ausgerichtet mit dem Argument, man könne die Hölle gegen den Himmel eintauschen. Die Wiedergeburt war die „Eintrittskarte“ dafür, und deshalb war dieses Ereignis das eigentliche Ziel.

Das klingt sehr plausibel. Und doch sind wir damit völlig auf dem Holzweg. Obwohl das Obenstehende alles richtig ist, übersehen wir etwas sehr Wichtiges. Was ich entdeckt habe, ist, dass die Wiedergeburt nicht das letztendliche Ziel ist. Die Wiedergeburt an sich ist kein Ziel. Sie ist ein Mittel, um an unser Ziel gelangen zu können. Das Ziel ist, dass wir in den Armen unseres Vaters zuhause ankommen können. Und weil der Vater Geist ist, können wir dieses Ziel nur erreichen, wenn wir die geistliche Natur empfangen, die Natur, die Adam und Eva durch die Sünde verloren hatten. Der Plan von Gott dem Vater war von Anfang an, dass *wir* die Möglichkeit bekommen, in ihm *sein* Ziel für unser Leben erreichen zu können – und zwar durch die Sohnschaft. Darauf möchte ich jetzt tiefer eingehen, da dies eine wichtige Sache ist.

Die Beziehung zum Vater

Wir haben gesehen, dass die Wiedergeburt sozusagen automatisch geschieht. Aber in eine Beziehung zum Vater zu kommen, ist etwas völlig anderes.

> *Jesus spricht zu ihm: Ich bin der Weg und die Wahrheit und das Leben. Niemand kommt zum Vater als nur durch mich* (Joh 14,6).

Es ist doch bezeichnend zu lesen, dass Jesus nicht sagt: „Hör mal, dein Ziel ist doch der Vater. In diese Richtung musst du gehen, viel Glück!" Nein, er sagt: „Durch mich kannst du zum Vater kommen. Ich weise dir nicht einfach den Weg, sondern ich bin der Weg. Lass uns zusammen aufbrechen, dann können wir uns unterwegs auch gleich etwas besser kennenlernen."

Er sagt nämlich:

> *Alles ist mir übergeben worden von meinem Vater; und niemand erkennt den Sohn als nur der Vater, noch erkennt jemand den Vater als nur der Sohn, und der, dem der Sohn [ihn] offenbaren will* (Mt 11,27).

Schauen wir uns diesen Vers einmal zusammen mit Johannes 14,6 an. Wir entdecken, dass Jesus uns Offenbarung über den Vater gibt, *während* wir mit ihm unterwegs sind und eine Beziehung zu ihm entwickeln. Jesus hat die Beziehung, die wir zu ihm haben können, nie von unserer Möglichkeit getrennt, dadurch auch zum Vater kommen zu können. Der Vater stand immer im Mittelpunkt seines Dienstes! Die Wiedergeburt ist also schon wesentlich, aber auch gleichzeitig erst der Anfang einer Reise, die vor uns liegt.

Waisenschaft und Sohnschaft

In dem Moment, wo die Wiedergeburt als Ziel gesetzt wird, ist es nur logisch, zu denken, wir würden dadurch auch „automatisch“ in die Stellung der Sohnschaft gelangen, wir würden unser Leben nun „automatisch“ aus unserer Stellung als Söhne und Töchter gestalten. Die Frage ist jedoch: Kannst du ein Kind Gottes sein und das in gewisser Weise doch verpassen? Anders gefragt: Kannst du nach deiner Wiedergeburt immer noch aus deiner früheren Position der „Waisenschaft“ weiterleben? Vor deiner Wiedergeburt warst du weit von Gott entfernt, eine Waise, kein Kind von ihm. Ist es trotzdem möglich, dass du nach deiner Wiedergeburt weiter als eine Waise ohne Vater lebst?

Vor Kurzem sprach ich in einem Vaterherz-Seminar unter anderem über den Unterschied zwischen Waisenschaft und Sohnschaft. Gegen Ende des Abends zitierte einer der Anwesenden den folgenden Vers.

> *Denn so viele durch den Geist Gottes geleitet werden, die sind Söhne Gottes* (Röm 8,14).

Sein Kommentar dazu war: „Wenn wir vom Geist Gottes geleitet werden, sind wir dann nicht Söhne Gottes?“ Mit anderen Worten: Dann brauche ich dem doch nicht noch etwas hinzufügen oder mich verändern. Wenn ich ein Sohn bin, *kann* ich doch nicht auch gleichzeitig noch eine Waise ein. Ist es nicht entweder, oder? Das klingt logisch, und deshalb musste ich auch erstmal in Ruhe darüber nachdenken. Es klingt wie: „Sobald der Heilige Geist uns leitet, sind wir ‚angekommen‘.“

Manchmal kann der Gebrauch verschiedener Begriffe ein wenig verwirrend erscheinen. Ist man nun zum Beispiel als Kind Gottes auch automatisch ein Sohn oder eine Tochter oder nicht? Wenn man ein Kind ist, kann man auch eine Waise sein, ein Kind ohne Eltern. Aber wenn du jetzt ein Sohn oder eine Tochter bist, würdest du sagen, dass du immer noch einen Elternteil hast. Kannst du trotzdem ein Waisenkind sein?

Und doch ist die Antwort einfach. Wenn du glaubst, dass der Herr Jesus der Sohn Gottes ist, er für dich am Kreuz gestorben ist und dadurch deine Sünden vergeben sind, dann kannst du ihm dafür danken. In dem Moment wirst du neu, aus dem Geist, geboren. Dann bist du ein Sohn oder eine Tochter Gottes geworden. Paulus macht das in dem Brief, den er an die Menschen in Rom schreibt, sehr deutlich.

> *Denn ihr habt nicht einen Geist der Knechtschaft empfangen, wieder zur Furcht, sondern einen Geist der Sohnschaft habt ihr empfangen, in dem wir rufen: Abba, Vater! Der Geist selbst bezeugt [zusammen] mit unserem Geist, dass wir Kinder Gottes sind* (Röm 8,15-16).

In der *Amplified*-Übersetzung wird dem Wort Sohnschaft in Klammern „das Hervorbringen von Sohnschaft“ hinzugefügt. Das verdeutlicht, dass in der Sohnschaft Wachstum und Entwicklung stattfinden und es damit um einen Prozess geht. Aber das ist noch nicht alles. Es ist hilfreich, neben Vers 14 in Römer 8 auch bis zu Vers 19 weiterzulesen. Dort steht nämlich etwas sehr Interessantes.

> *Denn das sehnsüchtige Harren der Schöpfung wartet auf die Offenbarung der Söhne Gottes* (Röm 8,19).

Einerseits wird gesagt, dass wir Söhne Gottes sind, wenn wir vom Heiligen Geist geführt werden. Andererseits wird davon gesprochen, dass Söhne Gottes *sichtbar* oder *unsichtbar* sein können! In obigem Vers schreibt Paulus von „[der] Offenbarung (dem Sichtbarwerden) von ...“.

Eine Frage bleibt noch: Wirst du den Rest deines Lebens automatisch vom Heiligen Geist geführt werden, wenn du den Geist einmal empfangen hast? Die Antwort auf diese Frage hat weitreichende Folgen, denn bei einem „Nein“ müssen wir uns fragen, ob wir dann Söhne Gottes bleiben.

Wer wird uns scheiden von der Liebe Christi? Bedrängnis oder Angst oder Verfolgung oder Hungersnot oder Blöße oder Gefahr oder Schwert? Wie geschrieben steht: „Deinetwegen werden wir getötet den ganzen Tag; wie Schlachtschafe sind wir gerechnet worden." Aber in diesem allen sind wir mehr als Überwinder durch den, der uns geliebt hat. ***Denn ich bin überzeugt, dass weder Tod noch Leben, weder Engel noch Gewalten, weder Gegenwärtiges noch Zukünftiges, noch Mächte, weder Höhe noch Tiefe, noch irgendein anderes Geschöpf uns wird scheiden können von der Liebe Gottes, die in Christus Jesus ist, unserem Herrn*** (Röm 8,35-39).

Jetzt wird klar, dass die Frage eigentlich aus zwei Teilen bestehen müsste. Der erste Teil, „Können wir von der Liebe Gottes getrennt werden?", kann rundheraus mit „Nein!" beantwortet werden. Der zweite Teil lautet, ob wir als Sohn oder Tochter automatisch aus dieser Stellung heraus, aus der *Sohnschaft*, leben. Auch hierauf ist die Antwort ein klares „Nein!".

Wir sehen also: Obwohl wir nicht vom Geist Gottes getrennt werden, können wir trotzdem wählen, *passiv* oder *aktiv* aus der Sohnschaft zu leben! Das bedeutet, dass wir, als Söhne Gottes, noch immer Mensch sind und mit unserem freien Willen wählen können. Anders gesagt: Gott hält sich immer an seinen Teil des Versprechens, er ist treu! Aber seine Treue *zwingt* uns nicht, das Leben zu leben, zu dem er uns Zugang gibt. Jesus schenkt uns die Möglichkeit, neu, aus dem Geist, geboren zu werden. Der Heilige Geist gibt uns seinerseits die Möglichkeit, eins mit dem Vater zu werden.

Wir aber haben nicht den Geist der Welt empfangen, sondern den Geist, der aus Gott ist, damit wir die [Dinge] kennen, die uns von Gott geschenkt sind (1 Kor 2,12).

Hier sehen wir, welchen Anteil der Heilige Geist hat. Auch sehen wir die Zusammenarbeit, die zwischen uns und dem Heiligen Geist entstehen kann. Der Geist bestimmt nicht, wie wir leben sollen. Stattdessen offenbart er, was der Vater uns gegeben hat und welche Möglichkeiten wir dadurch haben. Danach sind wir an der Reihe zu entdecken, was er in uns verändern möchte. Dadurch können wir aus dem heraus leben, was wir von Gott bekommen haben. Solange das (noch) nicht sichtbar ist, schmälert es unsere Stellung nicht. Wir bleiben Kinder Gottes. Aber wir sind dazu bestimmt, aus unserer Stellung der Sohnschaft zu leben. Wenn wir das tun, sorgt Gott der Vater dafür, dass wir zu Ebenbildern von ihm werden, damit die Welt ihn durch uns so kennenlernen kann, wie er ist.

Der Vater, die Versuchung und die Sünde

Nun wissen wir, dass der Vater, der Sohn und der Heilige Geist uns darauf vorbereiten wollen, unsere Stellung der Sohnschaft einzunehmen. Aber wie verhält es sich mit dem Widerstand, dem, was uns von der Sohnschaft gerade fernhalten will? Und wie sieht der Vater die Sünde?

Jesus hat sein Werk für uns vollbracht. Aber wir wissen, dass der Teufel auch nicht untätig ist. Er ist von Anfang an mit dabei, und wir wissen, dass er versucht hat, Adam und Eva zu verführen, was ihm auch gelang. Wir wissen auch, dass er bei Jesus, zu Beginn seines Wirkens, das Gleiche versucht hat. Im Gegensatz zu Adam und Eva gelingt es Jesus, dieser Versuchung zu widerstehen.

> *Und Jesus antwortete ihm: Es steht geschrieben: „Nicht vom Brot allein soll der Mensch leben." Und er führte ihn auf einen hohen Berg und zeigte ihm in einem Augenblick alle Reiche des Erdkreises […] Und als der Teufel jede Versuchung vollendet hatte, wich er für eine Zeit von ihm* (Lk 4,4-5,13).

Es ist wichtig zu erkennen, dass Jesus mit dem Teufel nicht auf Konfrontationskurs geht. Jesus ging vierzig Tage in die Wüste, um zu fasten. Damit bereitete er sich auf sein Wirken vor. Es ist erwähnenswert, dass diese Vorbereitung nicht daraus bestand, den Streit mit Satan aufzunehmen. Nein, die Vorbereitung bestand daraus, Zeit mit seinem Vater zu verbringen. Er wird vom Teufel aufgesucht, und wir lesen, dass Jesus darauf ruhig reagiert und dem Teufel Kontra gibt, indem er ihn mit dem Wort Gottes konfrontiert. Wir sehen hier, wie Jesus aus der Autorität der Sohnschaft heraus reagiert.

Im zweiten Korintherbrief steht ein interessanter Vers über Satan.

> *[...] denn seine Gedanken sind uns nicht unbekannt* (2 Kor 2,11).

Was Satan bei Adam und Eva und bei Jesus versucht hat, wird er mit Sicherheit auch bei uns probieren. Für uns ist es wichtig zu wissen, was Versuchung bewirkt. Ich kann es kurz machen. Wir sehen, dass die Versuchung dazu da ist, uns zur Sünde zu verleiten.

> *Ein jeder aber wird versucht, wenn er von seiner eigenen Begierde fortgezogen und gelockt wird. Danach, wenn die Begierde empfangen hat, bringt sie Sünde hervor; die Sünde aber, wenn sie vollendet ist, gebiert den Tod* (Jak 1,14-15).

Ich habe die Sünde lange als eine Sache für sich gesehen, mit der ich fertig werden muss. Das hatte zur Folge, dass ich erst recht auf die Sünde ausgerichtet war, die ich hinter mir lassen wollte. Ich musste dagegen ankämpfen, um den Sieg zu erringen. Bei Jesus sehen wir keine heftigen Kämpfe gegen die Sünde, obwohl er, genauso wie wir, versucht wurde.

> *Denn wir haben nicht einen Hohen Priester, der nicht Mitleid haben könnte mit unseren Schwachheiten, sondern der in allem in gleicher Weise [wie wir] versucht worden ist, [doch] ohne Sünde* (Hebr 4,15).

Dann gingen mir plötzlich die Augen auf. Ich hatte Versuchung und Sünde immer als ein Ziel gesehen, gegen das ich kämpfen musste. Das Ziel war, nicht zu sündigen. Wenn mir das gelingen würde, hätte ich mein Ziel erreicht. Wenn du das für dein Ziel hältst, denkst du höchstwahrscheinlich, dass auch Gott der Vater dieses Ziel für dein Leben hat. Und das bestimmt dann auch dein Gottesbild. In dem Moment, wo du nicht sündigst, ist es zum Beispiel sehr einfach zu denken, du seist in Gottes Augen gut und er sei mit dir zufrieden. Sobald du aber doch sündigst, denkst du automatisch, dass er dich nicht mag und mit dir nicht zufrieden ist. Die Frage ist, ob dies wirklich so ist. Wie sieht Gott die Sünde?

Genauso, wie die Wiedergeburt nicht die letztendliche Bestimmung unseres Lebens ist, gilt das auch für unsere Reaktion auf Versuchung und Sünde. Satan benutzt Versuchung und Sünde als Mittel, uns von der Beziehung und Intimität mit dem Vater *abzuhalten*. Satan hat zum Ziel, uns in eine Position der Unabhängigkeit von Gott zu bringen. Versuchung und Sünde benutzt er als Mittel zu diesem Zweck!

Das ist das eigentliche Ziel Satans!

Das bedeutet, dass es Gott dem Vater nicht in erster Linie um die Sünde geht. Für ihn ist die Sünde ein Hindernis, um eine echte und enge Beziehung mit uns pflegen zu können. Darum hat er Jesus auf die Erde gesandt: Um die Strafe der Sünde zu tragen, sodass der Weg zum wirklichen Ziel für uns frei werden konnte: dass wir zuhause in den Armen des Vaters ankommen. Wenn es um Sünde geht, sehen wir einen liebenden Vater, der alles für uns getan hat und noch immer tut, um die Sünde wegzunehmen. Dadurch sind wir fähig, in unsere Bestimmung zu kommen! Wenn wir glauben können, dass dies das Herz Gottes ist, verändert das das Bild, das wir von ihm haben, radikal.

Jetzt können wir auch das Gleichnis vom verlorenen Sohn besser verstehen! Der Vater geht auf die Sünde des jüngeren Sohnes gar nicht ein. Sein Fokus liegt auf der Möglichkeit, dass die Beziehung wiederhergestellt wird. Das ist sein Ziel!

Zurück zu Jesus, zurück zu Ostern

Zunächst möchte ich daran erinnern, dass das Osterfest, wie wir es kennen und feiern, einen Vorläufer beim jüdischen Volk hat. So, wie wir Ostern feiern, feiern sie jedes Jahr Passah. Dies tun sie im Gedenken an den Auszug des Volkes Israel aus Ägypten. Sie erinnern sich daran, dass das Volk vor dem Abend des Auszugs ungesäuertes Brot aß und dass jede Familie ein Lamm schlachten musste. Das Blut dieses Lammes musste auf die Türpfosten jedes Hauses gestrichen werden, damit der Todesengel daran vorüber gehen würde.[2] Das ist natürlich ein Bild für Jesus, der als Opferlamm für uns geschlachtet wurde. Im Alten Testament lässt sich noch mehr finden, das auf Jesu Kreuzigung und Tod hinweist. In diesem Zusammenhang ist es wichtig, die hebräische Denkweise verstehen zu können. Im hebräischen Denken geht man nämlich davon aus, dass, wenn von einer Textpassage der erste und letzte Satz zitiert wird, auch alles gemeint ist, was dazwischen steht! Das möchte ich gerne näher erläutern anhand von zwei Dingen, die Jesus sagte, als er am Kreuz hing.

> *... um die neunte Stunde aber schrie Jesus mit lauter Stimme auf und sagte: Elí, Elí, lemá sabachtháni? Das heißt:* ***Mein Gott, mein Gott, warum hast du mich verlassen?*** (Mt 27,46).

und

> *Als nun Jesus den Essig genommen hatte, sprach er:* ***Es ist vollbracht!*** *Und er neigte das Haupt und übergab den Geist* (Joh 19,30).

Interessant ist, dass es auch noch eine andere Stelle in der Bibel gibt, wo diese beiden Sätze auftauchen. Nämlich am Anfang und ganz am Ende von Psalm 22, der auch der Psalm

---

[2] Im Englischen heißt das Fest *Passover*, also „auslassen/überspringen“.

vom Kreuz genannt wird. Darin werden das Leiden und der Tod Christi beschrieben, und zwar 1000 Jahre *bevor* Jesus sein Leben tatsächlich am Kreuz gab. In Vers 2 steht:

> *Mein Gott, mein Gott, warum hast du mich verlassen …* (Ps 22,2).

Und als letzten Vers lesen wir:

> *Sie werden kommen und seine Gerechtigkeit verkündigen dem Volk, das geboren wird,* ***dass er es vollbracht hat*** (Ps 22,32 SLT).

Natürlich ist Jesus bekannt, dass jeder Jude weiß, dass der ganze Psalm 22 gemeint ist, wenn jemand den ersten und letzten Satz dieses Psalms ausspricht. Jesus sagt am Kreuz also eigentlich: „Der ganze Psalm 22 hat sich erfüllt!“ Darum ist Psalm 22 der Psalm schlechthin, der uns vom Leiden Christi berichtet.

Ich bin ein Wurm

Nun steht in Vers 7 dieses Psalms aber etwas Seltsames.

> *Ich aber bin ein Wurm und kein Mann …* (Ps 22,7).

Was hat es zu bedeuten, dass Jesus hier sagt, er sei ein Wurm!? Manche Leute führen diesen Vers an, indem sie sagen, dass auch sie wie ein Wurm sind, und wollen damit ausdrücken, dass sie nichts wert sind. Aber hier ist eigentlich etwas anderes gemeint. Folgendes fand ich im Internet beim „Alpha Omega Institute“[3]: In der Bibel wird als hebräisches Wort für Wurm für gewöhnlich *rimmah* benutzt, was so viel wie „Made“ heißt. Aber das hebräische Wort, das Jesus hier für Wurm benutzt, ist *tola'ath* und bedeutet … **Der Karmesin- oder Scharlachwurm.**

---

[3] https://www.discovercreation.org/blog/2011/11/20/the-crimson-or-scarlet-worm/)

Beide Wörter, Karmesin und Scharlach, bedeuten: *Der dunkelrote, feuerrote, karmesinrote, scharlachrote Wurm.*

Der Karmesinwurm [Coccus ilicis] ist ein sehr besonderer Wurm, der eher einer Made oder Larve ähnelt als einem Wurm. Wenn es für das Karmesinwurm-Weibchen an der Zeit ist, Nachwuchs zu bekommen – was nur einmal in ihrem Leben geschieht – sucht sie sich einen Baumstamm, Holzzaun oder Stock. Dann verklebt sie ihren Körper mit diesem Stück Holz und erzeugt eine harte Schale. Diese ist so stark mit ihr und dem Holz verklebt, dass sie niemals entfernt werden kann, ohne ihren Körper dabei völlig zu zerstören und sie zu töten. Der Karmesinwurm legt seine Eier dann zwischen seinen Körper und die schützende Schale. Der Körper der Mutter schützt die Nachkömmlinge (die Larven) nicht nur, sondern versorgt sie auch mit Nahrung – die Kleinen ernähren sich vom noch lebenden Körper der Mutter!

Nach ein paar Tagen, wenn die jungen Würmer so weit herangewachsen sind, dass sie für sich selbst sorgen können, stirbt die Karmesinwurm-Mutter. In dem Moment setzt sie einen dunkel-, feuer-, scharlachroten Farbstoff frei, der nicht nur das Holz färbt, mit dem sie verbunden ist, sondern auch ihre jungen Kinder! Sie bleiben den Rest ihres Lebens dunkelscharlachrot. Nach ***drei*** Tagen verliert die tote Karmesinwurm-Mutter ihre karmesinrote Farbe und verwandelt sich in weißes Wachs, das wie Schnee auf den Boden fällt.

Was genau es bedeutet, dass Jesus sagt: „Ich bin ein Wurm", ist nicht sicher. Aber es ist doch ausgesprochen interessant, dass Jesus, genau wie der Karmesinwurm, sein Leben an einem hölzernen Kreuz gab, damit seine Kinder mit seinem „karmesinroten" Blut gewaschen werden konnten und ihre Sünden weiß wie Schnee oder weiße Wolle werden würden.

> *Kommt denn und lasst uns miteinander rechten!, spricht der HERR. Wenn eure Sünden [rot] wie Karmesin sind, wie Schnee sollen sie weiß werden. Wenn sie rot sind wie Purpur, wie Wolle sollen sie werden* (Jes 1,18).

Er starb für uns, damit wir durch ihn leben können! Wie erstaunlich ist es, nun gleich im Anschluss in Psalm 23 zu lesen: „*Dieser* Herr ist mein Hirte."

> *Ein Psalm Davids.*
> *Der HERR ist mein Hirte, mir wird nichts mangeln.*
> *Er weidet mich auf einer grünen Aue und führet mich zum frischen Wasser.*
> *Er erquicket meine Seele.*
> *Er führet mich auf rechter Straße um seines Namens willen.*
> *Und ob ich schon wanderte im finstern Tal, fürchte ich kein Unglück;*
> *denn du bist bei mir, dein Stecken und Stab trösten mich.*
> *Du bereitest vor mir einen Tisch im Angesicht meiner Feinde.*
> *Du salbest mein Haupt mit Öl und schenkest mir voll ein.*
> *Gutes und Barmherzigkeit werden mir folgen mein Leben lang,*
> *und ich werde bleiben im Hause des HERRN immerdar*
> (Ps 23 LUT).

Und natürlich schließt der folgende Vers aus dem Johannesevangelium nahtlos daran an.

> *Ich bin der gute Hirte; der gute Hirte lässt sein Leben für die Schafe* (Joh 10,11).

Die Israeliten feierten das Passahfest mit einem geschlachteten Opferlamm. Wir gedenken Jesus, der sich selbst als Opferlamm gegeben hat. Das ist das Ostern der Vergangenheit und das Ostern der Gegenwart. Aber gibt es auch ein zukünftiges Ostern? Könnte es sein, dass auch wir, als der Leib Christi, durch eine „Ostererfahrung" gehen werden? Wir sprechen gerne über das siegreiche Leben als Christen. Und das ist natürlich auch wunderbar. Trotzdem ist es wichtig, uns absolut dessen bewusst zu sein, wie dieser Sieg Jesu zustande kam. Dafür müssen wir mit ihm sowohl nach Gethsemane als auch nach Golgatha gehen.

Wir sehen des Öfteren Pioniere, die gerufen werden, mitten durch alle Schwierigkeiten hindurch den Sieg zu erlangen. Da kommen Abraham und Mose in den Sinn, aber auch Josef ist ein gutes Beispiel. Dem schenkte Gott wunderbare Träume. Gott wollte ihn auf sehr besondere Weise gebrauchen. Das war das Ziel, der Plan Gottes. Klasse! Aber um dies mit Josef zu erreichen, hatte Gott einige Zwischenziele für ihn im Sinn. Und die ähnelten dem letztendlichen Ziel nun so gar nicht! Josef musste diesen Weg gehen, um in der und durch die praktische Erfahrung völlige Abhängigkeit von Gott zu lernen. Das letztendliche Ziel für Jesus war, triumphierend zu siegen, mit Herrlichkeit gekrönt zu werden. Name über alle Namen, König der Könige und noch viel mehr. Aber dieser große Sieg konnte nur durch das finsterste Todestal und in völliger Abhängigkeit erreicht werden. Das galt auch für Abraham. Er hatte eine gewaltige Verheißung von Gott empfangen.

> *Und in deinem Samen werden sich segnen alle Nationen der Erde dafür, dass du meiner Stimme gehorcht hast* (1 Mose 22,18).

Alle Völker werden durch Abrahams Same gesegnet werden! Das bedeutet, dass jeder auf der Erde letztendlich durch Israel gesegnet sein wird! Und dem möchte ich in aller Bescheidenheit hinzufügen, dass wir, die Gläubigen aus den Heiden, durch den Glauben auch zu den Söhnen Abrahams gezählt werden und darin auch unseren Anteil haben dürfen.

Wir sehen, dass Gott Menschen und sogar Völker darin unterrichten möchte, von jemandem abhängig zu sein. Aber dafür kann er nur Männer und Frauen Gottes benutzen, die selbst völlige Abhängigkeit gelernt haben. Was wir immer wieder sehen, ist: von Unabhängigkeit zu Abhängigkeit. Das ist und bleibt, worum es geht.

Israel – „Die Quelle der Tränen"

Wir haben gerade davon gesprochen, dass Israel einen besonderen Platz in dieser Welt einnimmt und von Gott gebraucht wird. Darüber habe ich auch im letzten Kapitel meines ersten Buches „Das Herz des Vaters entdecken" geschrieben. Das jüdische Volk ist durch sehr tiefes Leid gegangen. Es ist bekannt, dass viele, bevor sie die Gaskammern betraten, Psalm 22 sprachen: *„Mein Gott, mein Gott, warum hast du mich verlassen."* Könnte es sein, dass im Leiden des jüdischen Volkes während des Holocausts eine Parallele zum Leiden von Christus zu finden ist? Im Kunstwerk „The Fountain of Tears" (Die Quelle der Tränen) des Künstlers Rick Wienecke sind auf sieben Tafeln die sieben Kreuzesworte Christi dargestellt. Unter anderem sieht man den gekreuzigten Christus im Zwiegespräch mit einem Holocaust-Überlebenden. Am Ende dieses Kapitels findest du den Link, unter dem du dir dieses Kunstwerk mit Erklärungen des Künstlers ansehen kannst. Worauf ich hier nun näher eingehen möchte, ist das letzte Bild. Dort sehen wir die Auferstehung Jesu aus einem Haufen von Steinen. Mit ihm steigt auch Israel aus diesem Steinhaufen auf. Als Symbol des Sieges halten sie zusammen den leeren Becher über den Kopf, den beide getrunken haben!

„Gemeinde mit gebrochenen Flügeln"

Wir sind am Ende dieses Kapitels angelangt, und ich möchte damit abschließen, welche Rolle die Gemeinde in der kommenden Zeit zufällt. „Church with broken wings" („Gemeinde mit gebrochenen Flügeln"), was meine ich damit? Es ist eine Zeile aus einem Lied der Band *Delirious?*. Wenn du Flügel hast, dann, damit du mit ihnen fliegen kannst. Was aber, wenn deine Flügel gebrochen sind? Durch das Leiden bringt dich das in eine Position der totalen Abhängigkeit.

In weiten Teilen der Welt sehen wir, dass die Gemeinde bereits durch schweres Leid geht. Sie wird in der kommenden

Zeit nicht mehr aus eigener Kraft fliegen können. Diese Zeiten sind vorbei. Sie wird sich ihres eigenen Unvermögens bewusst werden wie niemals zuvor. Aber auch der unendlich großen Kraft von Gott dem Vater. Er möchte, dass wir in Abhängigkeit von ihm das tun, wofür wir bestimmt sind. In Johannes 5 sagt Jesus, dass er sich dafür entscheidet, völlig abhängig vom Vater zu sein. Aber gleich danach steht, dass der Vater ihm größere Werke zeigen wird – in und durch die Abhängigkeit von ihm.

> *Da antwortete Jesus und sprach zu ihnen: Wahrlich, wahrlich, ich sage euch: Der Sohn kann nichts von sich selbst tun, außer was er den Vater tun sieht; denn was der tut, das tut ebenso auch der Sohn. Denn der Vater hat den Sohn lieb und zeigt ihm alles, was er selbst tut;* ***und er wird ihm größere Werke als diese zeigen, damit ihr euch wundert*** (Joh 5,19).

In Johannes 14 knüpft Jesus daran an und sagt, dass dies auch auf uns zutrifft.

> *Wahrlich, wahrlich, ich sage euch, Wer an mich glaubt, der wird auch die Werke tun, die ich tue,* ***und wird größere als diese tun****, weil ich zum Vater gehe* (Joh 14,12).

Ich habe viele Spekulationen darüber gehört, was mit diesen „größeren Werken" wohl gemeint ist. Das reicht vom Wiederauferwecken einer Gruppe von Menschen bis zu Massenbekehrungen und allem, was dazwischen liegt. Doch ich denke nicht, dass es hier um das geht, was wir tun werden. Der Fokus liegt nicht auf uns, sondern auf dem Vater! Die größeren Werke sind diejenigen, die der Vater bisher noch nicht durch uns getan hat! Jesus sagt: Bereitet euch darauf vor. Ist das die neue Dimension, die der Vater hinzufügt? Eine Braut, die vom Leid gebrochene Flügel zurückbehalten hat, aber mit der Herrlichkeit bekleidet ist, die der Vater auch Jesus gegeben hat? Eine Gemeinde, ein Leib, mit Jesus als Haupt, die mit dem

Heiligen Geist erfüllt ist und den Vater in einer bisher nicht erlebten Intimität kennt?

Das Ostern der Zukunft – eine Gemeinde, die es nicht nur als ein Fest feiert, sondern Ostern selbst durchlebt. Eine Gemeinde, die durch ihre Zerbrochenheit fähig ist, eine zerbrochene Welt in Not zu erreichen. Diese Gemeinde wird bereit sein, sich Israel anzuschließen. Bereit sein für den Moment, in dem die beiden zu einem verschmelzen.

> *Jetzt aber, in Christus Jesus, seid ihr, die ihr einst fern wart, durch das Blut des Christus nahe geworden. Denn er ist unser Friede. Er hat aus beiden eins gemacht und die Zwischenwand der Umzäunung, die Feindschaft, in seinem Fleisch abgebrochen. Er hat das Gesetz der Gebote in Satzungen beseitigt,* ***um die zwei*** *– Frieden stiftend –* ***in sich selbst zu einem neuen Menschen zu schaffen*** ... (Eph 2,13-15).

Da bleibt mir nur noch zu sagen: Ein gesegnetes Ostern der Zukunft!

Zum Nachsinnen

Niemand ist darauf aus, schwere Zeiten durchzumachen. Trotzdem wäre es vielleicht gut, innezuhalten und dich zu fragen, ob du bereit bist, dein Leben völlig dem Vater anzuvertrauen. Suche dir Momente, in denen du ihn von Herz zu Herz kennenlernen kannst. Du kannst dein Leben nur jemandem anvertrauen, den du kennst und dem du – aus deiner eigenen Erfahrung – vertrauen kannst.

Ein Lied anhören

Delirious? – *Shout to The North*[4]

Men of faith rise up and sing
Of the great and glorious King
You are strong when you feel weak
In your brokenness complete

Refrain:

Shout to the North and the South
Sing to the East and the West
Jesus is Saviour to all
Lord of heaven and earth
Rise up women of the truth
Stand and sing to broken hearts
Who can know the healing power
Of our awesome King of love

Refrain

We've been through fire, we've been through rain
We've been refined by the power of His name
We've fallen deeper in love with You
You've burned the truth on our lips

Refrain

Rise up church with broken wings
Fill this place with songs again
Of our God who reigns on high
By His grace again we'll fly

Refrain

---

4 https://youtu.be/lv8etGuapK8

Video

Fountain of Tears – Rick Wienecke,
https://youtu.be/1TwVRm2G12Q

Raum für Notizen

Kapitel 5

Waffenrüstung im neuen Stil

Seid vorbereitet. Ihr steht etwas gegenüber, das viel größer ist, als ihr selbst bewältigen könnt. Nehmt alle Hilfe an, die ihr bekommen könnt, jede Waffe, die Gott uns *zur Verfügung stellt, damit ihr, wenn alles vorbei ist und der Siegesjubel erklingt, noch immer steht. Wahrheit, Gerechtigkeit, Friede, Glaube und Errettung sind mehr als nur Worte. Lernt, wie ihr sie einsetzen könnt. Ihr werdet sie euer Leben lang brauchen.*

Epheser 6,13-15 TMB[1]

Afrika

Ich möchte dieses Kapitel mit einem Dankwort an die Christen aus Afrika beginnen. Es war 1984, als Anneke und ich in Kontakt mit Owusu, einem Evangelisten aus Ghana, kamen. Er war wegen einer Konferenz für Reiseevangelisten nach Holland gekommen, die von Billy Graham organisiert wurde. Zu dem Zeitpunkt gehörten wir der Eliëzer-Gemeinde in Den Haag an. Dinand, ein Freund aus dieser Gemeinde, hatte Owusu zu einem Sonntagmorgen-Gottesdienst mitgebracht.

---

[1] *Be prepared. You're up against far more than you can handle on your own. Take all the help you can get, every weapon God has issued, so that when it's all over but the shouting you'll still be on your feet. Truth, righteousness, peace, faith, and salvation are more than words. Learn how to apply them. You'll need them throughout your life.*

Das war der Anfang eines langen und intensiven Kontakts mit Owusu. Wir haben ihn jahrelang bei Vorträgen in Holland übersetzt. Außerdem halfen wir ihm unzählige Male beim Verschiffen von Gütern von Holland nach Ghana. Über die Jahre habe ich die Stadt Kumasi in Ghana, aus der Owusu kam, fast dreißigmal besucht. Dort lernten wir auch Charles Okrah kennen. Vom Händler für Mercedes-Autoteile wurde er zum Pastor vieler Gemeinden. In seinem Haus haben wir oft übernachtet. Wenn man dann freitagabends im ersten Stock auf dem Balkon stand, hörte man aus allen Richtungen den Klang der „All-night prayer"-Treffen[2].

In dieser Zeit wurde ich auch gebeten, einigen Ghanaern in Den Haag am Samstagabend eine Bibelstunde zu halten. Nach einigem Zögern stimmte ich zu. Es fing mit kleinen häuslichen Treffen von weniger als zehn Personen in einer Wohnung im Obergeschoss der „Johan-Maasbach-Stiftung" an und wuchs innerhalb eines Jahres auf mehr als fünfzig Personen aus verschiedenen afrikanischen Ländern an. Die Treffen begannen mit einer Gebetsstunde, auf die eine Zeit mit Tanz und Anbetung folgte – in afrikanischer Manier – und natürlich eine Verkündigung. So entstand die erste *African Fellowship* in Den Haag. Nach vier Jahren übertrug ich die Verantwortung einigen afrikanischen Brüdern. Daraus entstanden über die Jahre um die 25 afrikanische Gemeinden in Den Haag.

Was in Den Haag begann, war keine Ausnahme. 1985 war ich beim ersten afrikanischen Treffen in Bijlmer, einem Viertel von Amsterdam-Südost.[3] Kaum vorstellbar, dass es vor dieser Zeit keine afrikanischen Gemeinden in Bijlmer gab. Es sollte nicht bei Den Haag und Amsterdam bleiben. Ab diesem Zeitpunkt konnte man beobachten, wie in ganz Europa afrikanische Gemeinden entstanden. Und wo sie auch entstanden,

---

[2] Gebetstreffen, die die ganze Nacht hindurch dauern.

[3] In Holland ist Bijlmer mit großenteils dunkelhäutigen Menschen aus mehr als 130 verschiedenen Ländern als Schmelztiegel der Kulturen bekannt. Anm. d. Übersetzers.

brachten sie auch die „All-night prayer"-Treffen mit sich. Sie haben jahrelang, während wir schliefen, für die Städte in Europa gebetet. Es war, als würde Gott sagen: „Ich möchte in Europa etwas tun, aber es geht nicht ohne Gebet. Weißt du was? Ich hole meine Gebetsarmee aus Afrika. Die kann den Weg bereiten." Das ist der Grund dafür, dass ich ihnen dankbar bin, dass sie ihr Vaterland und ihre eigene Kultur verlassen haben. Ich bin ihnen dankbar, dass sie nicht nur nach Europa gezogen sind, sondern auch bereit waren, Gottes Werk zu tun.

Es gibt noch einen weiteren Grund, warum ich dies am Anfang des Kapitels erzähle. Ich möchte dir nämlich einen überraschend neuen Aspekt der geistlichen Waffenrüstung aufzeigen. Etwas, dessen ich mir bis vor Kurzem nicht bewusst war. Teils steht es im Widerspruch zu allem, was ich bisher gehört und gelesen habe. Es ist auch anders als das, was unsere Geschwister aus Afrika tun. Doch möchte ich, dass du beim Lesen dieses Kapitels weißt, wieviel Respekt ich vor dem geistlichen Kampf habe, den meine afrikanischen Geschwister in meinem Land geführt haben.

Die Waffenrüstung

So ziemlich jeder Christ dürfte wohl von der geistlichen Waffenrüstung gehört haben. Paulus schreibt im Epheserbrief darüber. Bis jetzt nahmen die meisten von uns immer an, dass Paulus uns das Bild eines Kriegers skizziert. Ein Krieger, der, statt mit natürlichen Waffen, mit von Gott gegebenen geistlichen Waffen kämpfen kann. Die Frage ist nur, ob wir das auf die richtige Art gelesen haben!

In diesem Abschnitt des Epheserbriefs lesen wir von einer geistlichen Waffenrüstung. Dabei werden physikalische Beispiele gegeben. Es ist von einem Gürtel die Rede, oder jedenfalls von etwas, womit man sich umgürten kann. Weiter nennt Paulus den Brustpanzer, die Schuhe, den Schild und natürlich nicht zu vergessen das Schwert! Das alles gehört zu den wesentlichen Merkmalen des Soldaten eines Heeres. Paulus verwendete diesen Vergleich natürlich bewusst. Aber jetzt ist die Frage: Was wollte Paulus damit wirklich sagen?

Die traditionelle Auslegung kennen wir alle. Wir müssen diese Waffenrüstung aktiv anlegen. Das wird mit den zugehörigen Handlungen manchmal täglich getan: Helm aufsetzen, Brustpanzer anlegen, Schuhe anziehen, den Schild richtig positionieren und das Schwert ergreifen. So bereitet man sich auf den geistlichen Kampf vor, der für uns Christen sehr real ist.

Nun möchte ich dir einen anderen Aspekt zeigen. Zumindest möchte ich dir eine andere Perspektive mit auf den Weg geben. Lass uns beim ersten Satz des Abschnitts beginnen.

> *Schließlich: Werdet stark im Herrn und in der Macht seiner Stärke!* (Eph 6,10).

Aufgepasst! Woran denkst du beim Lesen dieses Verses? Was stellst du dir unter „Werdet stark im Herrn" vor? Hast du schon vor Augen, wie du mit erhobenem Schild und dem Schwert bereit zum Angriff bereitstehst?

Es ist sehr interessant, diesen Vers einmal in der *Amplified*-Übersetzung zu lesen.

> *Schließlich, seid stark im Herrn [schöpft eure Kraft* ***aus ihm*** *und seid ermächtigt durch* ***euer Einssein mit ihm****] und in der Stärke seiner [unbegrenzten] Macht* (Eph 6,10 AMP[4]).

Gleich der erste Satz sagt aus, dass unsere Kraft von Gott kommt, bevor wir auch nur ein Wort über die Waffenrüstung gelesen haben. Und hier steht auch, dass wir diese Kraft empfangen können, indem wir eins sind mit ihm. Wir sehen, dass Paulus die Betonung hier ganz unverkennbar und deutlich auf das *Sein* (in Gott) legt und nicht auf das *Tun*. Was hier ebenfalls auffällt, ist, dass die Kraft Gottes nicht zu deiner Kraft

---

[4] *In conclusion, be strong in the Lord [draw your strength from Him and be empowered through your union with Him] and in the power of His [boundless] might.*

wird. Gott lässt *seine* Kraft in dir und durch dich wirken. Diese Art Gottes zu wirken, wird auch in der *Message*-Übersetzung eines der Psalmen wunderbar wiedergegeben.

> *Glücklich ist der Mensch, dessen Stärke in dir ist, in dessen Herz gebahnte Wege sind!* (Ps 84,6).
>
> *Wie gesegnet sind alle die, in denen du lebst, deren Leben zu Wegen werden, auf denen du reist!* (Ps 84,5 TMB).[5]

In diesem Sinne fahren wir mit den weiteren Versen fort.

> *Zieht die ganze Waffenrüstung Gottes an, damit ihr gegen die Listen des Teufels bestehen könnt! Denn unser Kampf ist nicht gegen Fleisch und Blut, sondern gegen die Gewalten, gegen die Mächte, gegen die Weltbeherrscher dieser Finsternis, gegen die geistigen [Mächte] der Bosheit in der Himmelswelt* (Eph 6,11-12).

Paulus verwendet die Waffenrüstung aus der damaligen Zeit als Beispiel, um einen deutlichen Vergleich anzustellen. Nur ist jetzt die Frage: *Welchen* Vergleich? Ein Soldat hat einen Schild, einen Helm und ein Schwert, um damit zu kämpfen und sich zu verteidigen. Spricht Paulus hier von geistlichen Waffen, mit denen wir gegen geistliche Mächte kämpfen können? Oder benutzt er einen Vergleich, um aufzuzeigen, dass es für uns in der geistlichen Welt eben gerade anders ist? Das ist nun die Frage, um die es geht.

Zeit zum Nachsinnen

Vielleicht ist es gut, das selbst erst zu reflektieren, bevor du fortfährst und meine Meinung liest. Versuche, alte Vorstellungen

---

[5] *And how blessed all those in whom you live, whose lives become roads you travel.*

einstweilen beiseitezulegen und frage dich, was Paulus tatsächlich gemeint haben könnte.

Weiter über die Waffenrüstung

Überlege dir doch einmal, warum Paulus einen Soldaten mit seiner ganzen Waffenrüstung als Beispiel wählt. Könnte es vielleicht sein, dass er uns mit diesem Beispiel genau das *Entgegengesetzte* von dem, was wir denken, klarmachen will?

Schauen wir uns die nächsten Verse an. Woraus besteht diese Waffenrüstung eigentlich?

> *Deshalb ergreift die ganze Waffenrüstung Gottes, damit ihr an dem bösen Tag widerstehen und, wenn ihr alles ausgerichtet habt, stehen [bleiben] könnt! So steht nun, eure Lenden umgürtet mit Wahrheit, bekleidet mit dem Brustpanzer der Gerechtigkeit und beschuht an den Füßen mit der Bereitschaft [zur Verkündigung] des Evangeliums des Friedens! Bei alledem ergreift den Schild des Glaubens, mit dem ihr alle feurigen Pfeile des Bösen auslöschen könnt! Nehmt auch den Helm des Heils und das Schwert des Geistes, das ist Gottes Wort! Mit allem Gebet und Flehen betet zu jeder Zeit im Geist, und wacht hierzu in allem Anhalten und Flehen für alle Heiligen ...* (Eph 6,13-18).

Ich denke, es ist gut, diesen Abschnitt in verschiedenen Übersetzungen zu lesen. Ich finde die englische *Amplified*-Übersetzung immer sehr hilfreich, weil sie oft vertiefende Informationen zu einem Wort enthält. Du kannst es selbst auch noch in anderen Übersetzungen nachschlagen. Ich werde gleich noch einen Teil des Abschnitts aus der *Message*-Übersetzung von Peterson wiedergeben.

Aus dem Lesen dieser Bibelstelle ergibt sich die Frage, ob Paulus mit dem von ihm verwendeten Beispiel einen Wechsel vollzieht. Aus dem ersten Satz wurde deutlich, dass es nicht um unsere Kraft oder unser ***Tun*** geht, sondern um das ***Sein***.

Wir haben diesen Abschnitt schon so oft als Bestätigung gelesen für das, was wir tun können und müssen. Es ist ja auch sehr verführerisch, uns mit all den Merkmalen zu befassen und zu probieren, es selbst zu tun! Aber ist das der Sinn der Sache? Ist es das, was Paulus uns sagen will?

Ich glaube, dass die schon zu Anfang des Kapitels zitierte *Message*-Übersetzung uns hilft, Licht in die Sache zu bringen.

> *Seid vorbereitet. Ihr steht etwas gegenüber, das viel größer ist, als ihr selbst bewältigen könnt. Nehmt alle Hilfe an, die ihr bekommen könnt, jede Waffe, die Gott zur Verfügung gestellt hat, damit ihr, wenn alles vorbei ist und der Siegesjubel erklingt, noch immer steht.* ***Wahrheit, Gerechtigkeit, Friede, Glaube und Errettung sind mehr als nur Worte. Lernt, wie ihr sie einsetzen könnt. Ihr werdet sie euer Leben lang brauchen*** (Eph 6,13-15 TMB).

Wir sehen, dass hier ein ganz anderer Akzent gesetzt wird. Sie weist uns darauf hin, dass wir auf die Bedeutung achten müssen, die Paulus den Waffen beimisst. Und dann fügt sie dem hinzu: „Wahrheit, Gerechtigkeit, Friede, Glaube und Errettung sind mehr als nur Worte." Was Paulus uns hier, wie ich denke, zeigt, ist, dass es bei der geistlichen Waffenrüstung um genau das Gegenteil der weltlichen Armee geht! Was er sagt, ist dies: „Schau, so funktioniert es in der Welt, in einem gewöhnlichen Heer. Da muss man alles selbst machen. Es kommt auf deine eigene Kraft an. Es dreht sich um das *Tun*. Aber jetzt ..." Und dann verleiht er dem Gürtel, dem Brustpanzer und den Schuhen, Helm, Schild und Schwert eine neue Bedeutung.

Der Gürtel

Nachdem Paulus uns empfohlen hat, die ganze Waffenrüstung *anzunehmen (!)*, beschreibt er deren verschiedene Teile. Zuallererst nennt er die Wahrheit. Er erklärt, dass man die Wahrheit wie einen Gürtel tragen kann. Damit verhindert man ein Rutschen der Kleidung, sodass man nicht stolpert.

Die Füße und die Schuhe

Die Füße des Soldaten führen ihn in den Krieg, aber bei uns ist es mehr als nur das Gegenteil. Unsere Füße führen uns nicht in den Krieg. Er sagt: „Unsere Füße sollen uns nicht nur zum Frieden tragen, sondern lasst uns Friedensstifter *sein.*" Das hat nichts mehr mit dem Kampf zu tun, auf den ein Soldat ausgerichtet ist. Es eröffnet eine völlig neue Auslegung. Nicht ganz unwichtig zu erwähnen ist, dass Schuhe in der damaligen Zeit auch die Bedeutung des Sohn-Seins hatten.

Der Schild

Ein Schild soll einen schützen, setzt aber unsere eigene Kraft voraus: Man muss ihn auf die richtige Weise handhaben, während der Glaube ein Geschenk ist, das wir von Gott erhalten. Ich denke, es ist wichtig, uns klarzumachen, dass Paulus allem, worüber er in diesem Abschnitt geschrieben hat, eine geistliche Bedeutung gibt. Und damit geht es hier nicht um das ***Tun***, sondern um das ***Sein***! Wir können in diesem Kampf siegreich sein, wenn wir Wahrheit, Gerechtigkeit, Frieden, Glaube und Rettung von Gott bekommen haben. Wenn wir *unsere* Eigenschaften gegen die von Gott eingetauscht haben. Dies ist der Kern, um den es geht:

Wahrheit, Gerechtigkeit, Friede, Glaube und Errettung sind mehr als nur Worte.

Von unserer irdischen Natur her besitzen wir auch eine Form von Wahrheit, Gerechtigkeit, Frieden, Glauben und Rettung. Aber diese Form „funktioniert" nicht auf geistlicher Ebene. Wir müssen sie sozusagen gegen die geistliche Variante, die von Jesus kommt, eintauschen. Dann wird auch klar, dass es in dieser Geschichte um die Einheit mit Jesus geht, der all diese Qualitäten besitzt. Besonders schön drückt dies „Das Jüdische Neue Testament“ aus:

> *Werdet mächtig in der Vereinigung mit dem Herrn, in der Vereinigung mit seiner mächtigen Kraft! Gebraucht die ganze Rüstung und alle Waffen, die Gott euch zur Verfügung stellt, damit ihr gegen die trügerischen Taktiken des Widersachers bestehen könnt* (Eph 6,10-11 JNT).[6]

Hier noch ein Beispiel aus dem 1. Johannesbrief:

> *Wir lieben, weil er uns zuerst geliebt hat* (1 Joh 4,19).

Auch hier kommt dasselbe Prinzip zur Anwendung. Wir empfangen Liebe vom Vater, wodurch wir wiederum befähigt werden, Gott (und andere) mit dieser Liebe ebenfalls zu lieben.

Der Helm

Im Krieg benutzt man einen Helm, um sich vor Dingen zu schützen, die von außen auf einen einwirken wollen. In diesem Abschnitt schreibt Paulus dazu nur, dass man den Helm annehmen soll. Dann fährt er mit dem Schwert fort. Im Brief an die Thessalonicher erwähnt er auch noch kurz den Brustpanzer und den Helm. Die *Passion*-Übersetzung kann uns hier zu zusätzlicher Einsicht verhelfen.

> *Wir aber, die dem Tag gehören, wollen nüchtern sein, bekleidet mit dem Brustpanzer des Glaubens und der Liebe und als Helm mit der Hoffnung des Heils. Denn Gott hat uns nicht zum Zorn bestimmt, sondern zum Erlangen des Heils durch unseren Herrn Jesus Christus …* (1 Thess 5,8-9).

---

[6] *Finally, grow powerful in union with the Lord, in union with his mighty strength! Use all the armor and weaponry that God provides, so that you will be able to stand against the deceptive tactics of the Adversary.*

Übersetzung *The Passion Translation*:

> *Aber weil wir zum Tag gehören, müssen wir wachsam und klar im Geist sein, indem wir den Brustpanzer des Glaubens und der Liebe* ***um unsere Herzen*** *legen und einen Helm der Hoffnung auf Errettung* ***um unsere Gedanken****. Denn Gott hat uns nicht dazu bestimmt, Zorn zu erfahren, sondern* ***Rettung zu besitzen durch unseren Herrn Jesus, den Gesalbten.***[7]

Hier wird deutlich, dass der Zweck des Helms nicht ist, Schutz vor Geschossen von außen zu bieten, wie bei einem gewöhnlichen Soldaten. Wir sehen hier, dass er dazu gedacht ist, das zu schützen, was wir haben, nämlich unsere Rettung. Der Helm wird um unsere Gedanken gelegt, damit wir diese Gedanken bewahren können. Außerdem ist hier vom Brustpanzer die Rede, der den Glauben und die Liebe in unseren Herzen bewahren soll.

Das Schwert

Schließlich gelangen wir zum Schwert. Vielleicht kennst du Situationen, in denen im Gebet das Schwert gegen die Mächte und Gewalten geschwungen wurde. Für einen Soldaten ist das eine Waffe, um zu töten, aber das Schwert des Geistes ist das Wort Gottes, und das bringt im Gegensatz dazu Leben hervor! Jesus sagt: „Ich bin das lebendige Wort."

> *Nehmt auch den Helm des Heils und das Schwert des Geistes, das ist Gottes Wort!* (Eph 6,17).

Etwas fällt hier auf. Hier ist zwar vom Schwert die Rede, wir werden daraufhin jedoch nicht im Schwertkampf unterrichtet.

[7] *But since we belong to the day, we must stay alert and clearheaded by placing the breastplate of faith and love over our hearts, and a helmet of the hope of salvation over our thoughts. For God has not destined us to experience wrath but to possess salvation through our Lord Jesus, the Anointed One.*

Im Hebräerbrief sehen wir, dass das Wort Gottes dort ebenfalls mit einem Schwert verglichen wird. Neben der Elberfelder-Übersetzung gebe ich auch hier „Das Jüdische Neue Testament" wieder.

> *Denn* ***das Wort Gottes ist lebendig und wirksam und schärfer als jedes zweischneidige Schwert*** *und durchdringend bis zur Scheidung von Seele und Geist, sowohl der Gelenke als auch des Markes, und ein Richter der Gedanken und Gesinnungen des Herzens; und kein Geschöpf ist vor ihm unsichtbar, sondern alles bloß und aufgedeckt vor den Augen dessen, mit dem wir es zu tun haben* (Hebr 4,12-13).

Das Jüdische Neue Testament:

> *Sieh,* ***das Wort Gottes ist lebendig!*** *Es ist am Werk und ist schärfer als ein zweischneidiges Schwert – es schneidet durch bis zu dem Punkt, wo sich Geist und Seele und Gelenk und Mark begegnen, und* ***es zögert nicht, die inneren Überlegungen und Verhaltensweisen des Herzens zu richten.***

Der Schreiber des Hebräerbriefes sagt hier, dass das Schwert des Geistes das lebendige Wort ist! Und nicht nur das. Er erklärt auch, dass es verwendet wird, um *„die inneren Überlegungen und Verhaltensweisen des Herzens zu richten"*! Hier ist in keiner Weise davon die Rede, das Schwert zum Bekämpfen von Feinden zu gebrauchen, geschweige denn, um sie zu töten. Dieser Text verdeutlicht, dass das Schwert benutzt wird, um uns in die richtige Position zu bringen. Wir haben so lange gedacht, dass die Waffenrüstung, vor allem das Schwert, dazu gedacht ist, gegen äußere Einflüsse gewappnet zu sein. Aber wenn wir diesen Abschnitt mit neuen Augen und neuer Offenbarung lesen, dann scheint es, als ob die Betonung in Wirklichkeit nach innen gerichtet ist und auf *unserem Sein* liegt. Wenn wir uns auf diese Weise mit der geistlichen Waffenrüstung beschäftigen, dann geht es darum, wer wir in dem Moment sein oder werden können, wenn Gott in und durch uns wirkt.

Jesus: Knecht oder Soldat?

Schauen wir einmal, wie Jesus mit geistlicher Kriegsführung umgeht. Was hat er uns in Bezug auf dieses Thema gezeigt? Wo sehen wir, dass er gegen den Teufel und die Dämonen in den Kampf zieht, so wie eine Armee dies im Kriegsfall tut? Wo sehen wir ihn auf diese Weise kämpfen?

> *Und als der Teufel jede Versuchung vollendet hatte, wich er für eine Zeit von ihm* (Lk 4,13).

In diesem Zusammenhang sehen wir, dass er ausschließlich das Wort Gottes aussprach. Für den Teufel bedeutete das: Ende der Vorstellung.

> *Am Abend brachte man viele von Dämonen beherrschte Menschen zu Jesus. Er brauchte nur ein Wort zu sagen, und die Besessenen wurden frei und alle Kranken geheilt* (Mt 8,16 HFA).

Jesus spricht hier mit Autorität, und die Dämonen müssen ihm gehorchen. Kurz davor stillte er einen Sturm, damit die Jünger sicher ans andere Ufer gelangen konnten. Dort trafen sie einen besessenen Mann, den wir getrost als harten Kerl bezeichnen können:

> *Und sie kamen an das jenseitige Ufer des Sees in das Land der Gerasener. Und als er aus dem Boot gestiegen war, begegnete ihm sogleich von den Grüften her ein Mensch mit einem unreinen Geist, der seine Wohnung in den Grabstätten hatte; und selbst mit Ketten konnte ihn keiner mehr binden […]. Und als er Jesus von Weitem sah, lief er und warf sich vor ihm nieder; und er schrie mit lauter Stimme und sagt: Was habe ich mit dir zu schaffen, Jesus, Sohn*

Gottes, des Höchsten? Ich beschwöre dich bei Gott, quäle mich nicht! Denn er sagte zu ihm: Fahre aus, du unreiner Geist, aus dem Menschen! (Mk 5,1-3,6-8).

Es ist auffällig, wie der Besessene und die in ihm wohnenden Dämonen direkt auf die Anwesenheit Jesu reagierten, auf das *Sein* des Sohnes des Allerhöchsten. Jesus befahl schlicht, dass die Dämonen ihn verlassen sollten, und damit war die Sache erledigt!

Jesus ist ja unser großes Vorbild. Er kam als Mensch auf die Erde und zeigte uns, dass es als Mensch möglich ist, eins mit Gott dem Vater zu sein, zu lernen, in völliger Abhängigkeit von ihm zu leben. Nirgends sehen wir, dass Jesus die Initiative ergreift und selbst wie ein Soldat in einem heftigen geistlichen Krieg in den Kampf zieht. Es herrscht natürlich schon Krieg und der Feind versucht auch, uns daran zu beteiligen, aber Paulus erklärt uns, dass wir einen Vater haben, der für uns kämpft. In ihm sind wir sicher.

Was sollen wir nun hierzu sagen? Wenn Gott für uns ist, wer [ist] gegen uns? Er, der doch seinen eigenen Sohn nicht verschont, sondern ihn für uns alle hingegeben hat – wie wird er uns mit ihm nicht auch alles schenken? [...] Aber in diesem allen sind wir mehr als Überwinder ***durch den****, der uns geliebt hat* (Röm 8,31-32.37).

Statt als Soldaten mithilfe der Waffenrüstung in den Kampf zu ziehen, tun wir gut daran zu lesen, was Paulus im Philipperbrief schreibt:

Habt diese Gesinnung in euch, die auch in Christus Jesus [war], der in Gestalt Gottes war und es nicht für einen Raub hielt, Gott gleich zu sein. Aber er entäußerte sich und nahm Knechtsgestalt an, indem er den Menschen gleich geworden ist, und der Gestalt nach wie ein Mensch befunden ... (Phil 2,5.7).

Jesus kommt als Mensch auf diese Erde und lässt all seine Majestät und Kraft im Himmel zurück. Einmal auf der Erde, wird er von Johannes getauft. Der Himmel öffnet sich, und der Heilige Geist kommt in Form einer Taube auf ihn. Durch die Innewohnung des Heiligen Geistes ist Jesus Gott gleich. Und obwohl er die Macht hat, Zeichen und Wunder zu tun, entscheidet er sich, in völliger Abhängigkeit vom Vater zu leben, sogar einem Sklaven gleich).

> *Da antwortete Jesus und sprach zu ihnen: Wahrlich, wahrlich, ich sage euch: Der Sohn kann nichts von sich selbst tun, außer was er den Vater tun sieht; denn was der tut, das tut ebenso auch der Sohn* (Joh 5,19).

Und dann sagt derselbe Paulus, der uns über die Waffenrüstung schrieb: „*Habt diese Gesinnung in euch, die auch in Christus Jesus war.*“ Alles, was Jesus tut, hat seinen Ursprung im *Sein*, und nicht umgekehrt! Das Sein entspringt nicht dem Tun! So ist das auch für uns gedacht. Alles, was zur Waffenrüstung gehört, zeigt, wer wir sein können. Gott sei Dank, denn es fällt uns sehr schwer, aus eigener Kraft Wahrheit, Gerechtigkeit, Friede, Glaube und Rettung zu *tun*.

> *... wie geschrieben steht: „Da ist kein Gerechter, auch nicht einer ...“* (Röm 3,10).

Wir können nicht aus uns selbst heraus rechtschaffen sein oder Gerechtigkeit tun. Wir dürfen uns mit ihm bekleiden, der die Gerechtigkeit *ist*. Darum ist unsere Vorbereitung nichts anderes, als uns mit Christus zu bekleiden.

> *Denn ihr alle, die ihr auf Christus getauft worden seid, ihr habt Christus angezogen* (Gal 3,27).

Amplified Bible:

> *Denn ihr alle, die ihr in Christus hinein getauft wurdet [in eine geistliche Einheit mit dem Christus, dem Gesalbten*

hinein], habt euch mit Christus bekleidet [das heißt, ihr habt seine Charakterzüge und Werte übernommen].[8]

Aber das ist noch immer nicht alles!

Wenn wir näher hinsehen, was Paulus hier alles aufzählt, dann wird klar, dass jedes einzelne dieser Worte einer Person angehört. Und diese Person ist ... Jesus!

Schauen wir uns die Waffenrüstung aus Epheser 6 noch einmal Schritt für Schritt an.

1. So steht nun, eure Lenden umgürtet mit Wahrheit ... (V. 14)

Jesus *ist* die Wahrheit:

> *Jesus spricht zu ihm: Ich bin der Weg und* ***die Wahrheit*** *und das Leben. Niemand kommt zum Vater als nur durch mich* (Joh 14,6).

2. ... bekleidet mit dem Brustpanzer der Gerechtigkeit ... (V. 14)

Jesus *ist* der Gerechte:

> *Meine Kinder, ich schreibe euch dies, damit ihr nicht sündigt; und wenn jemand sündigt – wir haben einen Beistand bei dem Vater:* ***Jesus Christus, den Gerechten*** (1 Joh 2,1).

Jesaja kombiniert den Gürtel mit dem Brustpanzer.

> ***Gerechtigkeit*** *wird der Schurz seiner Hüften sein und die* ***Treue*** *der Schurz seiner Lenden* (Jes 11,5).

---

[8] *For all of you who were baptized into Christ (into a spiritual union with the Christ, the Anointed) have clothed yourselves with Christ (that is, you have taken on His characteristics and values).*

An dieser Stelle kann ich es nicht lassen, die hier genannte Treue mit der Bibelstelle zu verbinden, in der Gott sich gegenüber Mose offenbart.

Und der HERR ging vor seinem Angesicht vorüber und rief: Jahwe, Jahwe, Gott, barmherzig und gnädig, langsam zum Zorn und reich an Gnade und ***Treue****...* (2 Mose 34,6).

Und das sehen wir dann wieder im Neuen Testament, wo von der Frucht des Geistes die Rede ist.

Die Frucht des Geistes aber ist: Liebe, Freude, Friede, Langmut, Freundlichkeit, Güte, ***Treue****, Sanftmut, Enthaltsamkeit* (Gal 5,22-23a).

Sowohl Gerechtigkeit als auch Treue kommen von Gott. Wir haben das Vorrecht, diese Eigenschaften haben zu dürfen.

Der Hohepriester Joschua

Zuletzt möchte ich den Hohepriester Joschua als Beispiel nennen, und zwar in dem Moment, als er von Satan angeklagt wird. Er steht hier der größten feindlichen Macht gegenüber, die es gibt – Satan selbst. Lesen wir den Abschnitt einmal.

Und er ließ mich den Hohen Priester Joschua sehen, der vor dem Engel des HERRN stand; und der Satan stand zu seiner Rechten, um ihn anzuklagen. Und der HERR sprach zum Satan: Der HERR wird dich bedrohen, Satan! Ja, der HERR, der Jerusalem erwählt hat, bedroht dich! Ist dieser nicht ein Holzscheit, das aus dem Feuer herausgerissen ist? Und Joschua war mit schmutzigen Kleidern bekleidet und stand vor dem Engel. Und der Engel antwortete und sprach zu denen, die vor ihm standen: Nehmt ihm die schmutzigen Kleider ab! Und zu ihm sprach er: Siehe, ich habe deine Schuld von dir weggenommen und bekleide dich mit Feierkleidern. Und ich sprach: Man setze einen reinen Kopfbund auf sein Haupt! Und sie setzten den reinen Kopfbund

> *auf sein Haupt und zogen ihm [reine] Kleider an; und der Engel des HERRN stand [dabei]* (Sacharja 3,1-5).

Mir fallen hier ein paar Dinge auf. Hier ist die Rede vom Hohepriester. Wie wir sehen, hat er schmutzige Kleider an. Das steht für Ungerechtigkeit. Deshalb meint Satan, Grund zu haben, Joschua anzuklagen. Und so tut er dies. Es spielt sich also ein Streit ab, aber welchen Platz nimmt Joschua darin ein? Es ist Gott, der für ihn einsteht und im Gegensatz zu Satan kein Urteil über Joschuas Ungerechtigkeit spricht. Er tut sogar das Entgegengesetzte. Gott lässt ihm die dreckigen Kleider ausziehen und gibt ihm statt derer ein würdevolles Gewand! Er nimmt die Ungerechtigkeit weg und zieht ihm Feierkleider an. Er nimmt Satan nicht nur jeglichen Grund, um Joschua überhaupt anklagen zu *können*, sondern bekleidet Joschua auch noch mit Autorität und bereitet ihn auf ein Fest vor. Was ist nun mit dem Streit, den Satan führen möchte? Er weiß nichts mehr zu sagen! Wie wunderbar, dass wir uns durch die Waffenrüstung auch mit Gerechtigkeit bekleiden dürfen.

3. ... und beschuht an den Füßen mit der Bereitschaft [zur Verkündigung] des Evangeliums des Friedens! (V. 15)

Jesus *ist* der Friedefürst:

> *Denn ein Kind ist uns geboren, ein Sohn uns gegeben, und die Herrschaft ruht auf seiner Schulter; und man nennt seinen Namen, Wunderbarer Ratgeber, starker Gott, Vater der Ewigkeit, Fürst des Friedens. Groß ist die Herrschaft, und der Friede wird kein Ende haben auf dem Thron Davids und über seinem Königreich, es zu festigen und zu stützen durch Recht und Gerechtigkeit von nun an bis in Ewigkeit. Der Eifer des HERRN der Heerscharen wird dies tun* (Jes 9,5-6).

4. **Bei alledem ergreift den Schild des Glaubens, mit dem ihr alle feurigen Pfeile des Bösen auslöschen könnt!** (V. 16)

Jesus *ist* unser Schild:

> *Unsere Seele wartet auf den HERRN;*
> *unsere Hilfe und* ***unser Schild*** *ist er* (Ps 33,20).

5. **Nehmt auch den Helm des Heils ...** (V. 17)

Jesus *ist* unser Retter:

> *Aus dessen Nachkommenschaft hat Gott nach Verheißung dem Israel als* ***Retter Jesus*** *gebracht ...* (Apg 13,23).
>
> *Er zog Gerechtigkeit an wie einen Panzer und [setzte]* ***den Helm der Rettung auf sein Haupt*** *...* (Jes 59,17a).

Es ist schön zu sehen, dass schon in Jesaja geschrieben steht, dass Jesus Träger des Helms des Heils ist. Er, der unser Retter ist.

6. **... und das Schwert des Geistes, das ist Gottes Wort!** (V. 17)

Jesus *ist* das lebendige Wort:

> *Im Anfang war das Wort, und das Wort war bei Gott, und das Wort war Gott. Dieses war im Anfang bei Gott. Alles wurde durch dasselbe, und ohne dasselbe wurde auch nicht eines, das geworden ist.* ***In ihm [dem Wort] war Leben****, und das Leben war das Licht der Menschen* (Joh 1,1-4).

*Jesus **ist** unsere Waffenrüstung*

Wir sehen hier also, dass *alles*, was Paulus als Teil der Waffenrüstung aufzählt, direkt auf Jesus zurückzuführen ist. Wenn wir die Waffenrüstung auf diese Weise betrachten, geht es nicht ums *Tun*, sondern eben gerade ums *Sein*. Und zwar spezifisch um unser *Sein* in Jesus. Das ist, was Paulus meint und worauf er uns im ersten Vers auch hinweist.

Schließlich, seid stark im Herrn [schöpft eure Kraft ***aus ihm*** *und seid ermächtigt durch* ***euer Einssein mit ihm****] und in der Stärke seiner [unbegrenzten] Macht* (Eph 6,10 AMP).

Ich habe bereits erwähnt, dass Jesus sagt, nichts aus sich selbst zu können. Ist es möglich, dass das auch für uns gilt im Hinblick auf die Waffenrüstung? Wenn dem so ist, dann hat Jesus alles vom Vater empfangen und kommt der vollständige Schutz auch für uns direkt aus dem Herzen des Vaters!

Aber auch jetzt wieder ist das noch nicht alles

Wenden wir uns einmal Zacharias zu, der, erfüllt vom Heiligen Geist, anfängt über Jesus den Messias zu prophezeien.

Und Zacharias, sein Vater, wurde mit Heiligem Geist erfüllt und weissagte und sprach: Gepriesen sei der Herr, der Gott Israels, dass er sein Volk angesehen und [ihm] Erlösung geschaffen hat. Er hat uns ein Horn des Heils aufgerichtet im Hause Davids, seines Knechtes, wie er geredet hat durch den Mund seiner heiligen Propheten von Ewigkeit her, Rettung von unseren Feinden und von der Hand aller, die uns hassen; um Barmherzigkeit zu üben an unseren Vätern und seines heiligen Bundes zu gedenken, des Eides, den er Abraham, unserem Vater, geschworen hat; [und] uns zu geben, dass wir, gerettet aus der Hand unserer Feinde, ohne Furcht ihm dienen sollen in Heiligkeit und Gerechtigkeit vor ihm alle unsere Tage. 76*Und du, Kind, wirst ein Prophet des Höchsten genannt werden; denn du wirst vor dem Angesicht des Herrn hergehen, seine Wege zu bereiten, um seinem Volk Erkenntnis des Heils zu geben in Vergebung ihrer Sünden, durch die herzliche Barmherzigkeit unseres Gottes, mit der uns der Aufgang aus der Höhe besuchen wird, um denen zu leuchten, die in Finsternis und Todesschatten sitzen, und unsere Füße zu richten auf den Weg des Friedens* (Lk 1,67-79).

Ich höre hier, dass *Gott* sein Volk erlösen will. Dass *er* sein Volk vor seinen Feinden retten will. Und diese Worte prophezeit Zacharias hier über den frischgeborenen Jesus, der es seinerseits wieder ermöglicht, dass wir den rechten Platz in ihm einnehmen können (ab Vers 76). Er *ist* die Waffenrüstung in uns.

Wenn Gott für uns ist …

Was sollen wir nun hierzu sagen? Wenn Gott für uns ist, wer [ist] gegen uns? (Röm 8,31).

Aber in diesem allen sind wir mehr als Überwinder durch den, der uns geliebt hat (Röm 8,37).

Schlussfolgerung

Zum Ende dieses Kapitels möchte ich nochmals auf das zurückkommen, was ich am Anfang geschrieben habe. Es ist nicht meine Absicht, den Bibeltext über die Waffenrüstung ins Passive zu ziehen. Ich sehe und respektiere, was unter anderem die afrikanischen Gemeinden im geistlichen Kampf erreicht haben. Aber in unserem griechischen Denken kennen wir nur eine Wahrheit. Vom hebräischen Denken lernen wir, dass diese eine Wahrheit mehrere Seiten hat. Was ich mit diesem Kapitel betonen möchte ist, dass ich mir gut vorstellen kann, dass Paulus bei seiner Beschreibung der Waffenrüstung den Schwerpunkt nicht auf uns legt, sondern auf das Wirken Gottes durch uns hindurch.

Es ist wunderbar zu lesen, was alles in der Offenbarung am Ende der Bibel steht. Dort ist die Rede von der Braut. Wir lesen, dass es ihr *gegeben* wird, sich in Leinen zu kleiden. Das ist natürlich ein Geschenk, das von Gott dem Vater kommt.

Und ihr wurde gegeben, dass sie sich kleidete in feine Leinwand, glänzend, rein; denn die feine Leinwand sind die ***gerechten Taten*** *der Heiligen* (Offb 19,8).

Es ist Jesus, der zu den Jüngern sagt, dass sie abhängig von der „Kraft aus der Höhe“ sind und dass sie darauf warten sollen.

> *... und siehe, ich sende die Verheißung meines Vaters auf euch. Ihr aber, bleibt in der Stadt, bis ihr bekleidet werdet mit Kraft aus der Höhe!* (Lk 24,49).

Das gilt auch für uns. Wie ich schon geschrieben habe, sind wir durch die Taufe mit Christus bekleidet.

> *Denn ihr alle, die ihr auf Christus getauft worden seid, ihr habt Christus angezogen* (Gal 3,27).

Hier nochmal in der *Amplified*-Übersetzung, gerade wegen der Hinzufügungen.

> *Denn ihr alle, die ihr in Christus hinein getauft wurdet [in eine geistliche Einheit mit dem Christus, dem Gesalbten hinein], habt euch mit Christus bekleidet [das heißt, ihr habt seine Charakterzüge und Werte übernommen].*

Worum es bei der geistlichen Waffenrüstung geht, ist unser „erlöstes Leben“. Leben aus und durch Gott.

> *Wahrheit, Gerechtigkeit, Friede, Glaube und Errettung sind mehr als nur Worte. Lernt, wie ihr sie einsetzen könnt. Ihr werdet sie euer Leben lang brauchen* (Eph 6,14-16 TMB).

Das alles sind Eigenschaften, die man zuerst empfangen muss, um sie zu besitzen. Danach gilt es zu lernen, sie in der Praxis anzuwenden, damit man aus ihnen heraus leben kann, wie Paulus so schön sagt.

Ein Lied anhören

Jonathan David Helser & Melissa Helser,
Raise a Hallelujah (Bethel Music)[9]

I raise a hallelujah, in the presence of my enemies
I raise a hallelujah, louder than the unbelief
I raise a hallelujah, my weapon is a melody
I raise a hallelujah, heaven comes to fight for me
I'm gonna sing, in the middle of the storm
Louder and louder, you're gonna hear my praises roar
Up from the ashes, hope will arise
Death is defeated, the King is alive!
I raise a hallelujah, with everything inside of me
I raise a hallelujah, I will watch the darkness flee
I raise a hallelujah, in the middle of the mystery
I raise a hallelujah, fear you lost your hold on me!

Refrain

Sing a little louder (In the presence of my enemies)
Sing a little louder (Louder than the unbelief)
Sing a little louder (My weapon is a melody)
Sing a little louder (Heaven comes to fight for me)

Refrain

Leseempfehlung

Zu diesem Kapitel passt Hesekiel 36, weil Gott hier zeigt, dass er dem Volk Israel alles schenkt, was es braucht. So können die Israeliten wirklich *sein*. Wie schön ist es auch zu lesen, dass die Völker ihn dadurch kennenlernen können, wie er wirklich ist.

---

9 https://youtu.be/G2XtRuPfaAU

Dann werden die Nationen erkennen, wer ich wirklich bin, nämlich Gott, wenn ich meine Heiligkeit durch euch offenbare, sodass sie es alle mit ihren eigenen Augen sehen können (Hes 36,23b TMB).

Prophetie

Nun will ich mit einer Prophetie von Bob Jones über die Zeit, in der wir jetzt leben, schließen:

> Die 2020er Jahre werden die Ruhe Gottes offenbaren. Der Leib Christi wird an einen Ort kommen, an dem er in Gott ruht, wo Gott in uns ruhen wird. Und in dieser Ruhe wird der Feind keinen Krieg führen können, weil wir in Gott ruhen und er in uns ruht. Und er wird die Dinge vollenden, die er in einem Volk tun will, das in seine Ruhe kommt. Das hat es bisher noch nie gegeben, aber die Ruhe ist unterwegs.“[10]

Raum für Notizen

[10] „The 2020's will reveal the Rest of God. To where the body will come into a place of resting in God, where God will rest in us. And in this rest, the enemy will not be able to do warfare because we are resting in God and He is resting in us, and He will accomplish the things He means to do in a people that will come into His rest. There never has been one but rest is on the way.“

KAPITEL 6

Was ist deine Geschichte?

Gott hat mein Leben komplett gemacht, als ich alle Teile vor ihn gelegt habe. Als ich die Kurve gekriegt habe, hat er mir einen Neuanfang geschenkt. Jetzt achte ich auf Gottes Wege und halte ihn nicht für selbstverständlich. Jeden Tag denke ich darüber nach, wie er handelt; ich versuche, nichts davon zu verpassen. Ich fühle mich wieder ganz und achte auf meine Schritte. Gott schrieb den Text meines Lebens neu, als ich ihn das Buch meines Herzens sehen ließ.

Psalm 18,20-24 TMB[1]

Der Plan Gottes

Ich möchte dieses Kapitel mit ein paar Fragen beginnen:

- Hat Gott einen Plan mit dieser Welt?
- Hat er einen Plan für Europa?
- Hat er einen Plan für dein Land und für deine Stadt?

Diese Fragen hast du wahrscheinlich mit einem klaren „Ja" beantwortet. Das ist auch nicht weiter schwierig, denn durch dein „Ja" brauchst du nicht selbst in diesen Plan Gottes mit

---

[1] *God made my life complete when I placed all the pieces before him. When I got my act together, he gave me a fresh start. Now I'm alert to God's ways; I don't take God for granted. Every day I review the ways he works; I try not to miss a trick. I feel put back together, and I'm watching my step. God rewrote the text of my life when I opened the book of my heart to his eyes.*

einbezogen zu sein. Aber dann kommt die persönliche Frage: „Hat Gott der Vater auch einen Plan für dich?"

Natürlich ist dir klar, dass die richtige Antwort auf diese Frage nur „Ja" sein kann. Aber was hältst du davon, wenn ich dich jetzt bitte, dir kurz die Zeit zu nehmen, um diesen Plan konkret auf ein Blatt Papier zu schreiben? Wenn ich diese Frage während einer meiner Konferenzen stelle, gibt es immer Menschen, die etwas nervös werden. Trotzdem ist es sinnvoll, dass du dir kurz Zeit nimmst, um zu sehen, ob es etwas Bestimmtes gibt, das du aufschreiben könntest. Wenn nicht, ist das nicht schlimm. Doch dann möchte ich dich herausfordern, Gott danach zu fragen.

Im Neuen Testament sehen wir, dass Menschen den Plan Gottes in ihrem Leben auf verschiedene Weise umsetzen.

Die erste Gruppe

Schauen wir uns mal ein paar Gruppen von Leuten aus der Bibel an und fragen uns, welchen Plan Gott mit ihrem Leben wohl hat. Beginnen wir mit der Gruppe, die in der Bibel als „Volksmenge" bezeichnet wird. Das waren die Menschen, die morgens aus dem Haus gingen und sich einen Tag Zeit nahmen, um zu Jesus zu kommen und seiner Lehre zuzuhören. Manche nahmen ein Essenspaket mit, andere profitierten davon, dass eine andere Person dies mitgenommen hatte. Es gab auch welche, die Kranke mitnahmen, um am Ende des Tages mit ihrer Matratze unter dem Arm wieder nach Hause zu gehen. Diese Gruppe kennzeichnete sich dadurch aus, dass sie nach einiger Zeit wieder gesättigt nach Hause ging. Man könnte sie mit einem Durchschnitts-Kirchgänger vergleichen, der am Sonntag in den Gottesdienst geht. Liebt Gott diese Menschen? Ja, natürlich!

Die zweite Gruppe

Als zweite Gruppe möchte ich *die Siebzig* nennen. Dabei handelt es sich um eine Gruppe von Jüngern, die von Jesus zu einer kurzen Mission ausgesandt wurden. Wir würden heute sagen: Sie haben ihren Jahresurlaub genommen, um sich zwei oder drei Wochen einem Missionsprojekt zu widmen. Auf diese Weise nehmen wir selbst jedes Jahr ein paar Leute mit, wenn wir Corrie Ockhuysen in Mosambik besuchen. Es ist immer wieder ein Erlebnis, zu diesem Kinderhaus zu gehen. Wenn du Interesse daran hast, schau doch mal auf Corries Website vorbei (www.irisministriesmatolario.org).

Aber nun wieder zu den Siebzig. Glaubst du, dass Gott diese Menschen liebt? Natürlich!

Die dritte Gruppe

Die dritte Gruppe stellt die zwölf Jünger dar. Diese Gruppe unterscheidet sich deutlich von den anderen. Es handelt sich dabei nicht um Menschen, die Urlaub genommen haben. Nein, sie haben alles aufgegeben. Sie haben ihre Arbeit gekündigt. Viele von ihnen sind vom einen auf den anderen Moment Jesus nachgefolgt. Hierzu möchte ich jedoch eine Randbemerkung machen. Wenn Jesus dich ruft, ihm nachzufolgen, kann es auch gut sein, dass der Ort, den er für dich wählt, ein Büro oder eine Werkstatt ist. Wir brauchen in unserer Gesellschaft Menschen, die ihr Christsein unter den anderen Menschen leben. Dazu kann also auch einfach ein Gehalt gehören. Es ist aber immer wichtig, in deinem Herzen zu prüfen, ob du bereit bist, dieses Gehalt aufzugeben und in Abhängigkeit von Gott zu leben. Gott geht es in erster Linie um dein Herz.

Die Gruppe der zwölf Jünger – denkst du, dass Gott sie liebt? Absolut!

Die vierte Gruppe

Nun gibt es noch eine Gruppe. Oder besser gesagt, ein Grüppchen. Es ist ein kleiner Teil der größeren Gruppe der zwölf Jünger, nämlich drei Personen: Petrus, Jakobus und Johannes. Wir sehen, dass Jesus auf eine besondere Weise mit ihnen umgeht. Nehmen wir zum Beispiel den Moment, als er bei der kleinen Tochter des Jaïrus ankommt und hört, dass sie gestorben ist. Da sagte er Folgendes:

> *Und er erlaubte niemand, ihn zu begleiten, außer Petrus und Jakobus und Johannes, dem Bruder des Jakobus* (Mk 5,37).

Und das geschah nicht nur einmal. Das Gleiche geschieht wieder, als Jesus auf den Berg steigt, wo er verherrlicht wird.

> *Und nach sechs Tagen nimmt Jesus den Petrus und Jakobus und Johannes, seinen Bruder, mit und führt sie abseits auf einen hohen Berg* (Mt 17,1).

Zuletzt ein Beispiel aus dem Garten Gethsemane.

> *Dann kommt Jesus mit ihnen an ein Gut, genannt Gethsemane, und er spricht zu den Jüngern: Setzt euch hier, bis ich hingegangen bin und dort gebetet habe! Und er nahm den Petrus und die zwei Söhne des Zebedäus mit und fing an, betrübt und geängstigt zu werden* (Mt 26,36-37).

Es wird klar, dass Jesus zu diesen drei Jüngern eine besondere Herzensbeziehung hat. Ich denke, dass ich die Frage, ob Gott diese drei Jünger liebt, erst gar nicht zu stellen brauche. Ohne jeglichen Zweifel lautet die Antwort: ja!

Aber was denkst du, zu welcher Gruppe in Gottes Plan du gehörst? Es gibt Zahllose, die zur ersten Gruppe gehören, und irgendwie habe ich den Eindruck, dass der Gruppe der drei viel weniger angehören. Wie sieht Gott der Vater das? Wie bestimmt er, zu welcher Gruppe du am besten passt? Du kannst natürlich dafür beten und Gott danach fragen …

Manche Menschen haben Angst, den Plan Gottes zu verpassen. Sie fragen täglich, was Gottes Wille für ihr Leben ist. Aber ich glaube, dass es auch anders geht. Vielleicht bist du in einer Phase, zu der die erste Gruppe am besten passt. Wie wir gelesen haben, liebt Gott diese Gruppe. Dich also auch. Und weißt du, was er sagt? Er sagt: „Ich habe einen Plan für dich!“

Nun kann es sein, dass du eines Tages sagst: „Ich nehme an einer Kurzmission teil." Jetzt entsprichst du der zweiten Gruppe. Und Gott sagt: „Toll, dann habe ich einen Plan für dich!" Und so kann es auch passieren, dass du dich entscheidest, zur dritten Gruppe zu gehören. Ob das nun in Vollzeit und mit oder ohne Bezahlung ist, ist erstmal nicht wichtig. Du triffst eine Entscheidung, die mit der Entscheidung der Jünger vergleichbar ist. Gott sagt jetzt nicht: „Hä, was machst du denn jetzt? Ich hatte einen Plan für Gruppe 2 für dich!" Nein, er ist begeistert und macht einen Plan, der zu dir passt!

Du siehst also, dass er keinen Plan hat, in den du versuchen musst hineinzupassen. Nein, er sieht dich und die Entscheidungen an, die du treffen willst, und sagt dann: „Dazu habe ich einen Plan. Einen, der genau zu dir passt." Das ist eine der Weisen, wie Gott mit seinen Kindern umgeht. Aber Gott wäre nicht Gott, wenn er nicht auch auf andere Weisen Pläne für seine Kinder machen würde.

Josef

Schauen wir uns doch einmal Josef aus dem Alten Testament an. Durch einige Träume zeigt Gott Josef, was seine Pläne mit ihm sind. So kann Gott auch uns durch ein prophetisches Wort, einen Traum oder einen Eindruck zeigen, was sein Plan für uns ist. Bei Josef war das sehr außergewöhnlich. Gott zeigte ihm, dass er einen besonderen Platz einnehmen würde und dass seine ganze Familie ihm untergeben sein würde. Ich denke, dass Josef sehr überrascht war, als er sich kurze Zeit später in einer besonderen Position widerfand. Nur war es genau das Gegenteil von dem, was er in den Träumen gesehen hatte. Statt eines Herrschers, war er ein Sklave geworden.

Der Weg, wie wir Gottes Ziel in unserem Leben erreichen, kann manchmal ganz unterschiedlich sein. Trotzdem war es für Josef nötig, durch diese Zwischenphase zu gehen. Die Lektionen, die er dabei lernte, waren Lektionen fürs Leben, die man auf keine andere Weise lernen kann. So sehen wir oft, dass es ein Endziel in Gottes Plan gibt, er aber auch mit Zwischenzielen arbeitet. Beides sind Ziele, und beide passen in den Plan, den Gott für dich hat.

Zeit zum Nachsinnen

Gibt es jemanden, mit dem du dich identifizieren kannst? Fällt dir noch jemand anderes ein, bei dem sich Gottes letztendliches Ziel und seine Zwischenziele deutlich erkennen lassen? Versuche einmal, das größere Bild in deinem Leben zu sehen. Blicke zurück. Gibt es Verheißungen? Versuche mal, dich auf dem „Zeitstrahl deines Lebens" einzuordnen. Wo befindest du dich deiner Meinung nach gerade?

Dein Leben als eine Geschichte

Das Schöne an der Bibel ist, dass sie eine Menge Biographien enthält. Sie gleicht einer Zusammenstellung von Geschichten sehr unterschiedlicher Gestalten. Das Bemerkenswerte ist, dass viele dieser Geschichten wiederum miteinander verbunden sind. So wirkt sich die Lebensgeschichte von Adam und Eva auf alle ihre Nachkommen aus. Und Abraham erst! Sein Leben hat Auswirkungen auf seine Nachkommenschaft *und* auf alle Völker ...

> *Und in deinem Samen werden sich segnen alle Nationen der Erde dafür, dass du meiner Stimme gehorcht hast* (1 Mose 22,18).

Wow! Abrahams Geschichte endet nicht mit seinem Tod. Sie wirkt sogar noch bis in die heutige Zeit fort. Und dann erst die größte Geschichte seit Menschengedenken, die Geschichte vom Leben Jesu! Sein Leben beeinflusst die Geschichten so vieler Menschen. Und er ist fähig, sie alle zu *einem* gewaltigen Epos zu bündeln!

Ist es nicht großartig zu erkennen, dass deine Geschichte auch ein Teil davon sein darf? Dein Leben steht nicht für sich allein. Es hat einen Sinn und ist ein wertvoller Teil des großen Ganzen. Es ist eine der Geschichten, die von Gott zu einem Ganzen verflochten werden. Gott der Vater macht sich darin der Welt gegenüber sichtbar.

Autor der Geschichte

Die meisten Menschen in den biblischen Geschichten haben diese nicht selbst aufgeschrieben. Sie haben aber ihre Geschichte durchlebt. Letztendlich gab es oft jemand anderen, der es dann aufgeschrieben hat. Wenn du das hier liest, bist du selbst mitten in deiner eigenen Geschichte! Es ist schön, es einmal auf diese Weise zu betrachten. Kannst du die unterschiedlichen Kapitel entdecken, wenn du zurückblickst? Und was denkst du, wie das nächste Kapitel aussehen wird?

Es ist möglich, die eigene Geschichte aufzuschreiben. Aber nicht jeder kann das. Es gibt Menschen, die zwar eine Geschichte zu erzählen haben, aber nicht die Gabe, diese in Schrift zu fassen. Werden Biografien von jemand anderem als dem Hauptakteur geschrieben, bezeichnet man den Autor auch als einen „Ghostwriter".

Ein Ghostwriter schreibt etwas unter dem Namen eines anderen. Er tut dies auf dessen Bitte hin. Oft bedienen sich bekannte Leute eines Ghostwriters für Ansprachen, Autobiographien und Ähnliches, weil dieser einen besseren Schreibstil oder mehr inhaltliches Wissen hat oder weil der „offizielle" Autor einfach keine Zeit hat.

So verhält es sich auch bezüglich deines Lebens mit Gott. Du kannst dich dazu entschließen, deine eigene Lebensgeschichte zu schreiben. Du kannst dich aber auch dafür entscheiden, Gott den Vater die Geschichte deines Lebens schreiben zu lassen! Er möchte gerne dein „Holy Ghostwriter" sein! Er ist ein begabter Autor und du kannst ihm guten Gewissens deine Geschichte überlassen. Dann wird dein Leben spannend. Jedes Kapitel aufs Neue. Einerseits ist es dir vertraut, weil du Teil des Handlungsstranges bist. Andererseits ist es wirklich ein Abenteuer!

Obwohl der Vater die Geschichte schreibt, ist es für uns jederzeit möglich, Einfluss darauf zu nehmen. Wie reagieren wir auf die Geschichte, die der Vater für uns schreibt? Unsere Reaktionen werden Teil eines jeden Kapitels. Aber der Autor wird die Geschichte immer wieder auf den Hauptfaden zurückführen, auf das Ziel hin, das er kennt.

Geschichten von Personen aus der Bibel

Ich möchte jetzt über Personen sprechen, deren Geschichte wir aus der Bibel kennen. Haben sie ihre Geschichte selbst „geschrieben“? Oder ist zu erkennen, dass Gott als Autor aktiv wurde? Haben sie ihren Stift selbst zum Schreiben benutzt, oder haben sie ihn Gott übergeben?

Saulus/Paulus

Paulus ist eine sehr bekannte Figur des Neuen Testaments. Er hat viele Briefe geschrieben, um Christen zu ermutigen und sie Dinge zu lehren, aber auch, um sie zu warnen. Paulus war nicht immer ein Nachfolger Jesu. Ich möchte mich ihm zu einer Zeit zuwenden, in der sein Name noch Saulus war. Mit ein paar Versen aus der Apostelgeschichte lässt sich recht gut darstellen, wer Saulus war.

> *Saulus aber willigte in seine Tötung mit ein. An jenem Tag entstand aber eine große Verfolgung gegen die Gemeinde in Jerusalem; und alle wurden in die Landschaften von Judäa und Samaria zerstreut, ausgenommen die Apostel. Gottesfürchtige Männer aber bestatteten den Stephanus und stellten eine große Klage über ihn an. Saulus aber verwüstete die Gemeinde, indem er der Reihe nach in die Häuser ging;*

und er schleppte sowohl Männer als auch Frauen fort und überlieferte sie ins Gefängnis (Apg 8,1-3).

Es ist überdeutlich, dass Paulus hier seine Geschichte selbst schreibt. Als Jude ist er davon überzeugt, dass die Christen eine Sekte sind. Er glaubt nicht, dass Jesus der Sohn Gottes ist. Darum setzt er alles daran, Christen gefangen zu nehmen und einzusperren. Und so hatten die meisten Christen damals Angst vor ihm.

Wenn man sich sein Leben so anschaut, wird klar, dass er genau weiß, was er tut. Er hat seinen Kugelschreiber im Anschlag. Mit Verve schreibt er seine eigene Geschichte und ist stolz darauf. Er denkt, Gott einen Dienst zu erweisen. Eines Tages ist er auf einer „Missionsreise" auf dem Weg in eine Stadt namens Damaskus, als unterwegs plötzlich etwas geschieht. Es kommt ein ungeheuer helles Licht aus dem Himmel. Saulus fällt auf den Boden. Ihm ist klar, dass etwas sehr Besonderes im Gange ist. Er sagt: „Wer bist du, Herr?" Dann erklingt eine Stimme aus dem Himmel, die antwortet: „Ich bin Jesus, den du verfolgst" (Apg 9,3-5).

Ich finde es amüsant, darüber nachzudenken, wie dieser Moment vom Himmel her ausgesehen haben muss. Ich stelle mir vor, wie Gott Saulus auf dem Weg nach Damaskus entdeckt. Bei Gott sind immer Engel in der Nähe, und ich kann mir vorstellen, wie sie ihn sagen hören: „Ein toller Kerl, dieser Saulus, den kann ich gebrauchen." Und ich höre schon, wie die Engel sagen: „Wie bitte? Das kann nicht dein Ernst sein! Das ist Saulus, der deine Kinder verfolgt und ermordet." Worauf Gott dann sagt: „Ja, ja, ich weiß schon. Hier und da muss noch was zurechtgefeilt werden, aber er hat Potenzial. Ihr werdet schon sehen."

In dem Moment geschieht etwas Wundersames. Der Gott, der Menschen heilt, macht Saulus blind! Nachdem wir wissen, dass Gott für alles, was er tut, einen guten Grund hat, sollten wir uns fragen, *warum* er dies tut. Wenn ich mir Saulus so anschaue, sehe ich, dass er sehr klare Vorstellungen hat, worauf er sein Leben bauen möchte. Es scheint, als käme er noch nicht einmal auf den Gedanken, Gott um Rat zu fragen. Er ist stolz auf die Kapitel, die er geschrieben hat, und hat den Entwurf für die nächsten Kapitel schon bereitliegen. Aber dann greift Gott ein und macht Saulus blind. Der Saulus, der die Richtung seines Lebens selbst bestimmte und in völliger Unabhängigkeit lebte, kam plötzlich in eine Situation vollkommener Abhängigkeit. Durch seine Blindheit konnte er erkennen, wer Jesus wirklich war. Diese Offenbarung war es, die sein Leben vollständig verändern sollte.

Saulus bleibt noch drei Tage blind. Auf einmal ist er sich nicht mehr so sicher, was er tun soll bzw. was nicht. Das ist der Augenblick, in dem er sozusagen seinen Stift Gott übergibt. Es ist, als sage er: „Schreib' du nur, Gott. Ich will dir mit meinem Leben folgen." Und das tut Gott auch. Und der Gott, der Saulus erblinden ließ, gibt Hananias einen Auftrag. Er sagt: „Hananias, kannst du etwas für mich tun? Ich habe jemanden blind gemacht, aber er hat seine Lektion jetzt gelernt. Würdest du kurz in meinem Namen für ihn beten, damit er wieder sehen kann?" (Apg 9,10-19). In dem Moment nimmt Gott der Vater den Stift von Saulus an und beginnt ein völlig neues Kapitel in seiner Lebensgeschichte. Diese Geschichte nimmt eine solch dramatische Wendung, dass der Ghostwriter es als nötig erachtet, der Hauptfigur einen neuen Namen zu geben. Saulus wird Paulus. Das ist die Überschrift des neuen Kapitels.

Wenn wir Paulus' Leben im Neuen Testament weiterverfolgen, sieht es danach aus, als habe er seinen Stift nicht mehr von Gott dem Vater zurückgefordert. Und mir ist noch etwas aufgefallen. Durch die Offenbarung, die er von Gott empfangen hat, hat er Jesus kennengelernt, wie er wirklich ist. Doch damit nicht genug. Es ist so gedacht, dass man das, was man von Gott empfangen hat, wiederum anderen weitergeben kann. Und so können wir dies in Paulus' Brief an die Epheser lesen.

> *... dass der Gott unseres Herrn Jesus Christus, der Vater der Herrlichkeit, euch gebe [den] Geist der Weisheit und* ***Offenbarung*** *in der Erkenntnis seiner selbst* (Eph 1,17).

Wir sehen also: Was der Ghostwriter in Paulus' Leben geschrieben hat, kann auch wieder in anderen Lebensgeschichten verwendet werden!

Petrus

Als Nächstes folgt die Lebensgeschichte von Petrus. Sie ist eine meiner Lieblingsgeschichten. Wie schon bei Paulus scheint auch in Petrus' Lebensgeschichte eine klare Handlungslinie hervorzustechen. Er ist Fischer und macht, wie es aussieht, aus seinem Leben eine nüchterne Geschichte. Doch dann kommt Jesus in sein Leben spaziert. Zu dem Zeitpunkt war Jesus gerade dabei, einige Jünger zu rekrutieren. Und das tut er auf seine ganz eigene Weise. Er schickt nicht jemanden zum See, um Petrus zu holen. Nein, er geht selbst hin. Er sucht Petrus dort auf, wo dieser arbeitet, wohnt und lebt. Wir sehen, dass Jesus während dieser Begegnung so gut wie nichts über sich selbst erzählt. Nein, er lässt Petrus merken, dass er an ihm interessiert ist. An dieser Stelle muss ich natürlich nochmals auf den übernatürlichen Fischfang zurückkommen.

Ich vermute stark, dass Jesus sich nachts irgendwo am Ufer des Sees Genezareth im Gebüsch versteckt hat. Ich denke das, weil es sehr wohl möglich ist, dass man als professioneller Fischer auch mal wenig Fische fängt, wenn man die ganze Nacht auf dem Wasser war. Aber man muss doch zumindest ein oder zwei Fische im Netz antreffen. Das ist aber nicht der Fall. Sie hatten in dieser Nacht *nichts* gefangen. Darum denke ich, dass Jesus vom Gebüsch aus zu den Fischen gesprochen hat. Er hat sie alle weggeschickt, auch die ganz kleinen, und ihnen noch mit auf den Weg gegeben, dass sie auf sein Wort hin zurückkommen müssen.

Als er aber aufhörte zu reden, sprach er zu Simon: Fahre hinaus auf die Tiefe, und lasst eure Netze zu einem Fang hinab! Und Simon antwortete und sprach zu ihm: Meister, wir haben uns die ganze Nacht hindurch bemüht und nichts gefangen, aber auf dein Wort will ich die Netze hinablassen. Und als sie dies getan hatten, umschlossen sie eine große Menge Fische, und ihre Netze rissen (Lk 5,4-5).

Jesus tut das, weil er Petrus' Herz anrühren möchte. Und zwar durch zwei Wunder, die mit Fischen zu tun haben. Das erste ist das „Wunder des Nichtsfangs". Das zweite das Wunder des großen Fischfangs. Danach sagt Jesus zu Petrus, dass er ihn zu einem Menschenfischer machen wird!

Und Jesus sprach zu ihnen: Kommt mir nach, und ich werde euch zu Menschenfischern machen! Und sogleich verließen sie die Netze und folgten ihm nach (Mk 1,17-18).

In dem Moment, in dem Jesus Petrus (und seinen Bruder Andreas) auffordert, ihm zu folgen, wartet Petrus nicht einen Moment. Er gibt ohne Zögern seinen Stift ab. Warum? Weil Jesus Petrus in sein Fischerherz getroffen hat. Das ist nicht nur wichtig für Petrus, sondern gilt in gleicher Weise auch für uns. Vorsicht! Wenn unser Herz *nicht* berührt wurde und wir versuchen, Jesus nachzufolgen, folgen wir einem auferlegten Gebot.

Für Petrus eröffnet sich jetzt ein neues, spannendes Kapitel. Er begibt sich quasi sofort und fast ohne Zögern in die Geschichte, die Gott der Vater für ihn bereithält. Allerdings ist Petrus eine andere Persönlichkeit als Paulus. Bei Petrus erkennen wir einen etwas wechselhaften „Schreibstil". Es fängt damit an, dass Petrus seinen Stift dem Ghostwriter unverzüglich übergibt. Aber in manchen Momenten nimmt Petrus ihn doch wieder selbst in die Hand. Der Abschnitt aus Matthäus 16 ist ein gutes Beispiel dafür. Jesus spricht mit seinen Jüngern über das, was kommen wird. Davon, dass er selbst leiden müsse und sogar getötet würde. Darauf sagt Petrus im Prinzip: „Aber das werde ich nicht zulassen! Gib mir mal schnell meinen Stift zurück. Wenn ich jetzt nicht eingreife, nimmt diese Geschichte ein völlig falsches Ende!"

Und Petrus nahm ihn beiseite und fing an, ihn zu tadeln, indem er sagte: [Gott] behüte dich, Herr! Dies wird dir keinesfalls widerfahren. Er aber wandte sich um und sprach zu Petrus: Geh hinter mich, Satan! Du bist mir ein Anstoß, denn du sinnst nicht auf das, was Gottes, sondern auf das, was der Menschen ist (Mt 16,22-23).

Es dürfte klar sein, dass Jesus ihm hier zeigt, dass er seinen Stift besser wieder zurückgeben sollte! Trotzdem sehen wir in den drei Jahren, die Petrus mit Jesus verbringt, dass er ab und an doch wieder versucht ist, selbst einen Abschnitt zu schreiben. Zum Beispiel in der Situation im Garten Gethsemane.

Simon Petrus nun, der ein Schwert hatte, zog es und schlug den Knecht des Hohen Priesters und hieb ihm das rechte Ohr ab. Der Name des Knechtes aber war Malchus (Joh 18,10).

Das war ganz klar ein Federstrich von Petrus. Vor allem, weil er höchstwahrscheinlich nicht auf das Ohr zielte, sondern mitten auf den Kopf des Sklaven, der wohl dem Hieb zu entweichen versuchte.

Doch schließlich sehen wir auch den Moment, in dem Petrus die endgültige Entscheidung trifft, seine eigene Geschichte nicht mehr selbst schreiben zu wollen. Nämlich, nachdem er Jesus verleugnet hat und dieser ihn dreimal fragt, ob er ihn *wirklich* liebhat. Wir sehen, dass Petrus durch die Verleugnung erkannt hat, dass er seine Geschichte wirklich nicht selbst auf eine solche Weise schreiben kann, wie der Ghostwriter es vermag. An diesem Punkt sagt er: „Hier ist mein Stift. Jetzt will ich ihn nicht mehr zurückhaben. Du darfst ihn behalten. Mein Stift ist bei dir in guten Händen, ich vertraue ihn dir an."

Jona

Im Buch Jona begegnen wir einem Propheten Gottes. Eines Tages spricht Gott Jona an. Im Stil der obigen Geschichten klingt das so: „Jona, ich möchte in deinem Buch gerne ein Kapitel namens ‚Ninive' schreiben." Schauen wir mal, wie das in der Bibel steht.

> *Und das Wort des HERRN geschah zu Jona, dem Sohn des Amittai: Mache dich auf, geh nach Ninive, der großen Stadt, und verkündige gegen sie! Denn ihre Bosheit ist vor mich aufgestiegen* (Jona 1,1-2).

Mir fällt hier auf, auf welche Weise Gott an Jona herantritt. Wir stellen uns Gott oft als einen Gentleman vor. Dazu gehört dann, dass er uns eine Frage stellt, wenn er etwas von uns möchte. Aber hier kann von einer Frage nicht die Rede sein. Es ist ein Auftrag, der ohne Umschweife gegeben wird. Jetzt, wo ich dies aufschreibe, fällt mir auf, dass das bei Petrus eigentlich auch so war. Jesus fragt Petrus nicht, ob er ihm folgen möchte, sondern sagt ganz einfach: „Folge mir!" Aber Jona reagiert anders als Petrus. Er hat keineswegs vor, das Kapitel „Ninive" in sein Buch aufzunehmen. Nein, er möchte selbst weiterschreiben und nennt sein neues Kapitel „Tarsis".

> *Aber Jona machte sich auf, um nach Tarsis zu fliehen, weg vom Angesicht des HERRN. Und er ging nach Jafo hinab, fand ein Schiff, das nach Tarsis fuhr, gab den Fahrpreis dafür und stieg hinein, um mit ihnen nach Tarsis zu fahren, weg vom Angesicht des HERRN* (Jona 1,3).

Ich stelle mir vor, wie Gott sich das vom Himmel aus genau ansieht. Die Engel in Gottes Nähe weisen ihn darauf hin, dass Jona genau in die falsche Richtung geht. Aber Gott antwortet: „Ja, danach sieht es aus. Aber das kommt schon wieder in Ordnung. Jona braucht diesen Umweg, um unterwegs noch etwas dazuzulernen."

In dem Moment ist Jona sich dessen absolut noch nicht bewusst. Das Einzige, was er will, ist, weg von Ninive, weg von dem Auftrag, den Gott ihm gegeben hat. Und so begibt er sich in Jafo an Bord eines Schiffes nach Tarsis. Als das Schiff jedoch kaum den Hafen verlassen hat, gerät es in einen heftigen Sturm. Wo kommt dieser Sturm nur so plötzlich her?

> *Da warf der HERR einen gewaltigen Wind auf das Meer, und es entstand ein großer Sturm auf dem Meer, sodass das Schiff zu zerbrechen drohte* (Jona 1,4).

Wir sehen hier, dass der, der Stürme stillen kann, sie auch entstehen lassen kann!

Zeit zum Nachsinnen

Wenn wir in der Geschichte von Jona so überdeutlich lesen, dass Gott es ist, der den Sturm entstehen lässt, sollten wir diese Möglichkeit auch für unser eigenes Leben nicht ausschließen. Kann ein Sturm in unserem Leben vielleicht auch mit einem Umweg zu tun haben? Und dass wir dadurch schließlich am Ziel ankommen können? Dort, wo Gott uns haben will!

Jona und Ninive

In Jonas Fall möchte Gott von ihm, dass er die Einwohner der großen Stadt Ninive dazu aufruft, von ihren bösen Werken umzukehren. Das wird im zweiten Vers des Buches Jona ausdrücklich gesagt.

> *... und verkündige gegen sie! Denn ihre Bosheit ist vor mich aufgestiegen.*

Ich möchte hier noch kurz verweilen. Das Erste, womit ich diesen Bibelvers verband, war „Gericht". In dem Moment, wo Bosheit sogar bis vor das Angesicht Gottes aufsteigt, muss sie wohl extrem sein. Und dann wäre es auch nicht überraschend, wenn dies Gottes Gericht zur Folge hätte. Aber davon steht hier nichts. Ich habe es immer falsch gelesen. Was hier wirklich steht ist, dass er Betroffenheit für die Menschen in Ninive zeigt. Gott ist sich über all ihre Bosheit und Sünden vollkommen im Klaren. Doch seine Reaktion darauf ist, dass er Jona mit einer Gnadenbotschaft zu ihnen schickt. Aus dem Herzen Gottes strömt Gnade, und er hofft, dass sie angenommen wird. Er möchte Ninive verschonen, statt Gericht über sie kommen zu lassen.

Das Schiff, auf dem Jona ist, droht inzwischen im Sturm unterzugehen. Jona hat seinen Stift nicht abgegeben und schreibt immer noch seine eigene Geschichte. Aber wie wir sehen, wird sie durchaus beeinflusst. Der Ghostwriter sorgt dafür, dass Jonas Geschichte eine dramatische Wendung nimmt. Sie wird mit Spannung und Abenteuer versetzt! Reißende Wellen, drohender Schiffbruch … Und Jona schläft währenddessen unter Deck.

> *Da trat der Kapitän an ihn heran und sagte zu ihm: Was ist mit dir, du Schläfer? Steh auf, ruf deinen Gott an! Vielleicht wird der Gott sich auf uns besinnen, sodass wir nicht umkommen* (Jona 1,6).

Was geschieht hier!? Jona will nicht zu Menschen anderer Kultur und Religion gehen, um ihnen Gottes Gnade anzubieten. Doch jetzt ist er auf der Flucht auf einem Schiff mit Menschen anderer Kultur und Religion, die ihn fragen: Bete für uns zu deinem Gott. Und Jona denkt: Das bringt im Moment nicht viel. Unser Verhältnis zueinander gibt es nicht her, dass ich ihn um eine Gunst bitten kann. Auf dem Schiff wird beschlossen, Lose zu werfen, um herauszufinden, wer die Schuld an dem Sturm trägt. Es wird berichtet, dass das Los auf Jona fällt. Er sagt, sie sollen ihn über Bord werfen und dass der Sturm dann aufhören werde.

> *Da sagte er zu ihnen: Nehmt mich und werft mich ins Meer! Dann wird das Meer euch in Ruhe lassen; denn ich habe erkannt, dass dieser große Sturm um meinetwillen über euch [gekommen ist]* (Jona 1,12).

Der, der den Einwohnern von Ninive die Gnade nicht predigen wollte, ist hier nun bereit, sein Leben für die Leute auf dem Boot zu opfern. Jona lässt sich an den Armen und Beinen packen und wird so über Bord geworfen. So sinkt der Hauptakteur langsam, mit seinem Stift in der Hand, im kalten Wasser hinab in die dunkle Tiefe der See.

Natürlich schaut Gott vom Himmel aus zu, und ich stelle mir vor, wie er in dem Moment seine Fernbedienung zur Hand nimmt. Er bedient sie mit seinen Daumen und lenkt so einen großen Fisch zu Jona hin. Als er ihn erreicht, drückt Gott auf den roten Knopf, wodurch sich das Maul des Fisches öffnet. Dazu gibt er noch die Anweisung: Schlucken, ohne zu kauen. So landet Jona im Inneren des Fisches, zwischen Seetang und verrottenden Fischen.

Nachdem ich dir meine Version der Geschehnisse beschrieben habe, zeige ich dir nun noch, wie es in der Bibel steht.

> *Und der HERR bestellte einen großen Fisch, Jona zu verschlingen; und Jona war drei Tage und drei Nächte im Bauch des Fisches. Und Jona betete zum HERRN, seinem Gott, aus dem Bauch des Fisches [...]. Und der HERR befahl dem Fisch, und er spie Jona auf das trockene [Land] aus* (Jona 2,1.11).

Nach drei Tagen und drei Nächten gibt Jona auf. *Also gut, hier hast du meinen Stift.* Voller Bewunderung sehen die Engel im Himmel, dass Jona, wenn auch über einen Umweg, genau dorthin gelangt, wo Gott ihn von vornherein haben wollte. Und so wird Jonas Biografie doch noch ein Ninive-Kapitel hinzugefügt. Aber es hat sich auch etwas in Jona verändert. Er hat die Gnade persönlich erfahren und empfangen. Dadurch ist er fähig, das, was er von Gott empfangen hat, auch an andere weiterzugeben. Doch hat ihn das jetzt für immer verändert? Scheinbar nicht. Nachdem er nämlich seine Runde durch die Stadt gemacht hat, mit dem Ergebnis, dass sich die ganze Stadt bekehrt, setzt er sich trotzdem auf einen Hügel außerhalb der Stadt, um auf ihren Untergang zu warten.

> *Und er betete zum HERRN und sagte: Ach, HERR! War das nicht meine Rede, als ich noch in meinem Land war? Deshalb floh ich schnell nach Tarsis! Denn ich wusste, dass du ein gnädiger und barmherziger Gott bist, langsam zum Zorn und groß an Güte, und einer, der sich das Unheil gereuen lässt* (Jona 4,2).

Was hier auffällt ist, dass Jona Gott genau so kennt, wie er sich Mose offenbart hat. Höre dabei zu, wie Gott Mose klar macht, wer er ist ...

> *Und der HERR ging vor seinem Angesicht vorüber und rief: Jahwe, Jahwe, Gott, barmherzig und gnädig, langsam zum Zorn und reich an Gnade und Treue ...* (2 Mose 34,6).

Scheinbar kennt Jona Gott auch so, wie er wirklich ist. Doch gibt es einen großen Unterschied. Jona mag Gott zwar bei seinem Namen kennen, aber er wollte nicht so sein, wie Gott ist. Jona nahm nach dem Ninive-Kapitel seinen Stift wohl wieder zurück, um seine Geschichte selbst weiterzuschreiben ...

Der reiche Jüngling

Wir haben jetzt verschiedene Möglichkeiten gesehen, wie man mit seinem Stift umgehen kann. Du kannst selbst weiterschreiben oder du kannst ihn auch dem Holy-Ghostwriter geben. Dann kann er deine Geschichte schreiben. Du kannst ihn auch ab und zu wieder zurücknehmen oder, wie Jona, nach einem Kapitel selbst wieder bestimmen, wie es weitergeht.

Ich möchte hier noch ein Beispiel nennen: das vom reichen Jüngling, der zu Jesus kommt. Dieser junge Mann fragt Jesus, wie er das ewige Leben erlangen könne. An sich ist das eine gute Frage. Viele wollen das wissen. Jesus setzt zu einer Antwort an und sagt ihm, er müsse tun, was Gott in seinem Wort sage. Als er fragt: „Was denn genau?“, fängt Jesus an, einige Gebote aufzuzählen. „Naja,“ sagt der junge Mann, „das tue ich schon seit meiner Jugend! Was muss ich noch tun?“ Und dann sagt Jesus: „Weißt du, was du tun musst? Du musst alles, was du hast, all deinen Besitz, den Armen geben und dann zurückkommen, um mir zu folgen.“

> *Der junge Mann spricht zu ihm: Alles dies habe ich befolgt. Was fehlt mir noch? Jesus sprach zu ihm: Wenn du vollkommen sein willst, so geh hin, verkaufe deine Habe und gib [den Erlös] den Armen! Und du wirst einen Schatz in den Himmeln haben. Und komm, folge mir nach! Als aber der junge Mann das Wort hörte, ging er betrübt weg, denn er hatte viele Güter* (Mt 19,20-22).

Im Stile dieses Kapitels klingen Jesu Worte an den reichen Jüngling so: „Gib doch mir deinen Stift und lasse den Holy-Ghostwriter deine Geschichte fortführen, statt Gott in deiner selbstgeschriebenen Geschichte nur eine Rolle zu geben.“ In dem Moment schaut der reiche Jüngling auf seinen goldenen Stift, dreht sich um und läuft weg. Meinen goldenen Stift einfach weggeben, das geht nicht, denkt er. Er bezieht Gott sehr wohl in sein Leben mit ein, aber als einen Teil seiner *eigenen* Geschichte.

Manchmal ist es wohl schwieriger, sein Leben wirklich aus der Hand zu geben, wenn man viel hat. Dieser reiche junge Mann konnte seinen Stift jedenfalls nicht aus der Hand geben; er wollte letztendlich selbst Herr darüber bleiben. Er traute sich nicht, sich auf das Abenteuer einzulassen, Gott den Autor seiner Lebensgeschichte sein zu lassen. Er liebte seinen Reichtum mehr als seine Beziehung zu Gott. Wir sehen hier jemanden, der aus seiner eigenen Position heraus versucht, gut zu sein. Er versucht, das ***Sein*** durch das ***Tun*** zu erreichen.

Der ältere Sohn

Erinnerst du dich noch an die Geschichte vom verlorenen Sohn weiter oben? Ich schrieb, dass der Vater zwei Söhne hatte. Der verlorene Sohn hatte noch einen älteren Bruder. Und zu dem möchte ich nun kurz kommen.

Der ältere Sohn ist im Gegensatz zu seinem jüngeren Bruder nicht weggegangen. Er tat eigentlich immer das, worum sein Vater ihn bat. Er arbeitete hart für ihn. Man könnte sagen: er ist der perfekte Sohn. Und doch stimmt das nicht so ganz. Der Vater interessiert sich in erster Linie nämlich nicht für das, was sein Sohn für ihn *tut*. Nein, er wünscht sich so sehr, eine Herzensbeziehung zu seinem Sohn zu haben.

Der ältere Sohn ähnelt recht stark dem reichen Jüngling und ein Stück weit auch Jona. Genau wie der reiche Jüngling tut er nämlich alles selbst und denkt, er habe deshalb eine Belohnung und sein Bruder eine Strafe verdient. Wie Jona, der ebenfalls wollte, dass die Strafe über die Menschen, die sie verdienen, auch hereinbricht.

> *Er aber antwortete und sprach zu dem Vater: Siehe, so viele Jahre diene ich dir, und* ***niemals habe ich ein Gebot von dir übertreten****; und mir hast du niemals ein Böckchen gegeben, dass ich mit meinen Freunden fröhlich gewesen wäre …* (Lk 15,29).

Der ältere Sohn hat seine Geschichte sozusagen immer selbst geschrieben. Obwohl er im selben Haus wohnte wie sein Vater, kam er nie wirklich nach Hause. Er weist seinen Vater auf frühere Kapitel hin und lässt ihn in allem, was er für ihn getan hat, mitlesen. Tatsächlich hat er genau nach den Regeln gelebt. Er hat alles richtig gemacht. Jetzt findet er, auch wirklich das Recht auf eine Belohnung verdient zu haben. Es klingt alles so plausibel und aus unserer Sicht scheint es auch richtig zu sein. Aber Gott der Vater sieht es anders.

Zum Nachsinnen

Geht es uns nicht auch oft so, dass wir bewusst oder unbewusst versuchen, unser Bestes für Gott zu geben, um auf diese Weise seine Liebe oder Anerkennung zu verdienen? Wie wichtig ist es aber, uns jedes Mal wieder bewusst zu machen, dass unsere Werke aus der Liebe Gottes hervorgehen dürfen, statt dass die Liebe Gottes aus unseren Werken hervorgeht.

Die Beziehung des älteren Sohnes zu seinem Vater

Bei dem älteren Sohn ist von einer klaren Arbeitsbeziehung die Rede, die er mit seinem Vater hat. Wenn man für jemanden arbeitet, erwartet man auch eine Belohnung. Oder anders gesagt, ein Gehalt. Die Folge ist dann aber, dass man die Identität eines Arbeiters hat.

> *Er aber sprach zu ihm: Kind, du bist allezeit bei mir, und alles, was mein ist, ist dein* (Lk 15,31).

In einer solchen Situation kommt noch etwas anderes ins Spiel. Wenn man selbst ein Arbeiter ist, der sich sein Gehalt verdienen muss, empfindet man es schnell als ungerecht, wenn jemand etwas bekommt, ohne dafür arbeiten zu müssen. Man hat dann ein Problem mit Gnade.

Aber Gott der Vater arbeitet auch nach einem Prinzip. Er sagt nicht, was wir tun müssen. Nein, er gibt uns Raum, Fehler zu machen, damit wir ***die Erfahrung*** machen, dass ***wir*** es nicht können und dass wir ihn brauchen. Und in dem Moment ist er dann da.

Als der Vater seinen älteren Sohn bittet, ihn besser kennenzulernen und nun wirklich nach Hause zu kommen, weigert sich der Sohn und wird ärgerlich. Er gibt seinen Stift nicht aus der Hand. So ist er in der Bibel *das* Beispiel von jemandem, der sein Leben nicht dem Vater anvertraut.

Der verlorene Sohn

Und damit sind wir wieder beim verlorenen Sohn. Wie verhält es sich mit seiner Geschichte?

Der Anfang ist klar; er beschließt ganz bewusst, sein eigenes Buch zu schreiben. Und darüber hinaus entscheidet er sich dazu, seine Familie in seiner Geschichte völlig auszulassen. Sein Bruder kommt nicht darin vor und sein Vater erst recht nicht! Er streicht sie beide aus seiner Geschichte heraus.

> *... und der jüngere von ihnen sprach zu dem Vater: Vater, gib mir den Teil des Vermögens, der mir zufällt! Und er teilte ihnen die Habe. Und nach nicht vielen Tagen brachte der jüngere Sohn alles zusammen und reiste weg in ein fernes Land, und dort vergeudete er sein Vermögen, indem er verschwenderisch lebte* (Lk 15,12-13).

Wir sehen, dass der Vater nicht versucht, seinen Sohn aufzuhalten. Es ist ihm wichtig, seinen Sohn die Erfahrung machen zu lassen, dass er von seinem freien Willen Gebrauch machen darf. Er gibt ihm sogar noch die besten Wünsche mit und sagt sozusagen: „Und vergiss nicht, deinen Stift mitzunehmen." Dass der Vater ihn gehen lässt, bedeutet allerdings nicht, dass ihm das keinen Kummer bereitet.

Indem er seine eigene Geschichte schreibt, gelangt der verlorene Sohn ans Ende seines Lateins. Er durchlebt die Erfahrung, dass es ihm nicht gelingt, seine Lebensgeschichte aus eigener Kraft zu Ende zu schreiben. Der Stift ist leer, die Tinte ist alle. Es ist ihm völlig unmöglich, weiterzuschreiben. So trifft er aus eigenem Antrieb die Entscheidung, zurück zu seiner Familie, zu seinem Vater zu gehen. Den leeren Stift noch in der Hand, kehrt er zurück nach Hause, gespannt und wohl auch unsicher, wie sein Vater reagieren wird.

Wunderbar an dieser Geschichte ist, dass der Vater seinem Sohn nicht verbietet wegzugehen, weil das nicht gut für ihn wäre. Nein, er lässt ihn gehen. Und so findet der Sohn durch eigene Erfahrung heraus, dass es besser ist, zurückzukehren.

Er ist an einem Punkt angelangt, an dem er erkennen muss, dass es für ihn kein nächstes Kapitel mehr gibt, das er selbst schreiben könnte. Seine Geschichte endete im Elend. Und so fragt er sich, ob sich überhaupt noch etwas daraus machen lässt. Aber für den Holy-Ghostwriter ist das kein Problem. Er kann jederzeit und bei jedem ein neues Kapitel anfangen.

Die Situation, in die der jüngere Sohn geraten ist, bringt ihn also genau dahin, wo ihn sein Vater all die Zeit schon haben wollte. Die Schwierigkeiten brachten ihn in die Arme seines Vaters. Dort kann die Liebe, die er zuvor nicht gesehen hatte, nun in sein Herz fließen. Ich denke, er sagte nun etwas wie: „Ich wusste nicht, dass du *so* bist ... Ich wünsche mir jetzt von ganzem Herzen ein neues Kapitel in meinem Leben." Und während ein Mantel und Schuhe für ihn geholt werden und er den Ring an seinen Finger gesteckt bekommt, lässt der Vater inzwischen eine neue Mine für den Stift holen.

Der verlorene Sohn war am Ende seines Lateins angelangt. Er war zu der Einsicht gekommen, dass er es nicht mehr selbst schaffte. Und so kam er in die ***Position***, in der er sich völlig abhängig wissen durfte. In der *Bergpredigt* wird dies auch auf besondere Weise deutlich, vor allem, wenn man es in der *Message*-Übersetzung nachschlägt.

> *Glückselig die Armen im Geist, denn ihrer ist **das Reich der Himmel*** (Mt 5,3).

Message-Übersetzung:

> *Du bist gesegnet, wenn du am Ende deines Lateins angelangt bist. Mit weniger von dir kommt mehr von Gott und seiner Macht.*[2]

Wie schön!

---

[2] *You're blessed when you're at the end of your rope. With less of you there is more of God and his rule.*

Jetzt bist du an der Reihe ...

Wie sieht es mit deiner Geschichte aus? Bist du selbst fleißig am Schreiben oder bist du bereit für ein neues Kapitel? Traust du dich, deinen Stift Gott zu übergeben?

Und wenn es nur für ein Kapitel zum Ausprobieren ist. Du kannst deinen Stift immer wieder zurückholen, aber es kann auch sein, dass du dem Holy-Ghostwriter letztendlich gestattest, deine ganze Geschichte fertigzuschreiben. Und dann kannst du dir einer Sache immer gewiss sein: Es wird eine Geschichte mit einem *Happy End sein*. Es nimmt immer einen guten Ausgang!

Zum Nachsinnen

Der Holy-Ghostwriter möchte deine Geschichte mit anderen Geschichten verweben. Das ist seine Stärke. Es ist ihm jederzeit möglich, die eine Geschichte in eine oder mehrere andere Geschichten überfließen zu lassen. So bilden alle Geschichten gemeinsam einen großen Auswahlband über Gottes Größe. Frage dich mal, zu welcher Geschichte du im Moment am besten passt, und überlege dir dann, was für dich ein nächster Schritt sein könnte.

Ein Lied anhören

Bethel – *Goodness of God*[3]

I love You Lord
Oh Your mercy never fails me
All my days
I've been held in Your hands
From the moment that I wake up
Until I lay my head
I will sing of the goodness of God

Chorus

All my life You have been faithful
All my life You have been so, so good
With every breath that I am able
I will sing of the goodness of God
I love Your voice
You have led me through the fire
In darkest nights
You are close like no other
I've known You as a father
I've known You as a friend
I have lived in the goodness of God

Bridge

Your goodness is running after, it's running after me (2x)
With my life laid down, I'm surrendered now,
I give You everything

Leseempfehlung

- Timothy Keller, *Jona und der unverschämt barmherzige Gott*

---

3 https://youtu.be/n0FBb6hnwTo

Raum für Notizen

Kapitel 7

Das Reich Gottes

Alles ist mir übergeben worden von meinem Vater; und niemand erkennt den Sohn als nur der Vater, noch erkennt jemand den Vater als nur der Sohn, und der, dem der Sohn [ihn] offenbaren will. Kommt her zu mir, alle ihr Mühseligen und Beladenen! Und ich werde euch Ruhe geben. Nehmt auf euch mein Joch, und lernt von mir! Denn ich bin sanftmütig und von Herzen demütig, und „ihr werdet Ruhe finden für eure Seelen“; denn mein Joch ist sanft, und meine Last ist leicht.

Matthäus 11,27-30

Das Reich Gottes

In diesem letzten Kapitel möchte ich mit euch über Gottes Plan in dieser Zeit nachdenken. Es ist offensichtlich, dass er schon von Anfang an einen Plan hat und dass dieser mit Israel begonnen hat. Doch sein Plan mit Israel und mit uns liegt nicht nur in der Vergangenheit, sondern auch in der Gegenwart und Zukunft. Die Christen aus den Nichtjuden sind eine Art Quereinsteiger geworden. Dass sie Teil dieses Planes Gottes sein dürfen, haben sie Jesus zu verdanken, aber auch Israel. Darüber schrieb ich schon im zweiten Kapitel.

Jesus spricht oft über das (König)Reich Gottes. Aber was genau ist das? Wie können wir in diesem Reich leben und wirken? Und wissen wir eigentlich, wie Gott sein Reich sieht? Im Neuen Testament ist dieser Begriff 145 Mal zu finden. Oft ist vom *Reich Gottes* die Rede, aber Matthäus spricht vor allem vom *Reich der Himmel*. Ich denke, es ist hilfreich zu wissen, dass damit im Wesentlichen das Gleiche gemeint ist.

Um Gottes Plan kennenzulernen, gibt es zunächst ein paar Dinge, die uns klar werden müssen. Es ist wichtig zu sehen, wie er seinen Plan begonnen hat und was er über sein Reich sagt. Aber das Wichtigste, was wir in dieser Zeit brauchen, ist seine Offenbarung.

Du kannst dir vielleicht vorstellen, dass das Paradies auf Erden zur Zeit von Adam und Eva in vielem dem Himmel glich. Keine Sünde, eine intime Beziehung mit Gott dem Vater, alles war gut und schön. Das sind die *grundlegenden Elemente* des Reiches Gottes. Außerdem ist klar, dass Gottes Reich einen König haben muss. Und der ist natürlich Jesus.

> *Und siehe, du wirst schwanger werden und einen Sohn gebären, und du sollst seinen Namen Jesus nennen. Dieser wird groß sein und Sohn des Höchsten genannt werden; und der Herr, Gott, wird ihm den Thron seines Vaters David geben; und er wird über das Haus Jakobs herrschen in Ewigkeit, und seines Königtums wird kein Ende sein* (Lk 1,31-33).

Das ist ein wichtiger Punkt, denn es bedeutet, dass Jesus in Gottes Reich regiert. Er herrscht. Er bestimmt also auch, wie das Reich Gottes hier auf Erden aussieht, welche Regeln gelten und was von seinen Einwohnern erwartet wird. In dem Gebet, das Jesus uns gelehrt hat, weist er auf etwas Wichtiges hin: Er will, dass die himmlischen Regeln bzw. Gesetze auch hier auf Erden angewandt werden.

> *Darum sollt ihr so beten:*
> *Unser Vater im Himmel! Dein Name werde geheiligt.*
> *Dein Reich komme.*
> *Dein Wille geschehe*
> *wie im Himmel so auf Erden*
> (Mt 6,9-10 LUT).

Ich habe absichtlich ein paar bestimmte Wörter ausgewählt, nämlich „herrschen“ und „Regeln“. Manchen stehen beim Lesen dieser Worte sofort die Haare zu Berge. Ich denke, es ist wichtig, hierauf näher einzugehen. Vor allem, weil nicht wir es sind, die die Regeln machen, sondern Gott. Nur müssen wir aufpassen, dass wir Gottes Regeln nicht mit unseren menschlichen Maßstäben beurteilen. Was ist dafür notwendig? Dass wir Gott den Vater so kennen, wie er wirklich ist. Das geht nur durch Offenbarung!

> *Alles ist mir übergeben worden von meinem Vater; und niemand erkennt den Sohn als nur der Vater,* ***noch erkennt jemand den Vater als nur der Sohn, und der, dem der Sohn [ihn] offenbaren will*** (Mt 11,27).

Versuchung, Sünde, Gerechtigkeit und Herrlichkeit

Ich möchte mit einer Frage beginnen. Welche der obigen Wörter gehören zum Reich Gottes und welche nicht? Auf den ersten Blick scheint die Antwort einfach. Versuchung und Sünde gehören nicht zum Reich Gottes, Gerechtigkeit und Herrlichkeit schon. Diese Betrachtungsweise hat jedoch Konsequenzen. Denn wie beeinflusst es deine Position in Gottes Reich, wenn du es mit Versuchung und Sünde zu tun bekommst?

Noch eine zweite Frage: „Was erwartet Gott eigentlich von den Bewohnern seines Reiches?“ Sobald wir wissen, was Gott darüber denkt, wird es möglich, ihn so zu kennen, wie er wirklich ist. Wenn wir aber ein falsches Bild davon haben, hat dies zur Folge, dass wir auch ein falsches Bild von Gott haben.

Versuchung und Sünde, Satans Strategie

Schauen wir uns das mal Schritt für Schritt an. Beginnen wir mit der Versuchung. Und am besten mit einem der Verse, der diesbezüglich am deutlichsten ist.

> *Niemand sage, wenn er versucht wird, dass er von Gott versucht werde. Denn Gott kann nicht versucht werden zum Bösen,* ***und er selbst versucht niemand****. Sondern ein jeder, der versucht wird, wird von seiner eigenen Begierde gereizt und gelockt. Danach, wenn die Begierde empfangen hat, gebiert sie die Sünde; die Sünde aber, wenn sie vollendet ist, gebiert den Tod* (Jak 1,13-15 LUT).

Damit möchte Jakobus sagen, dass wir nicht Gott die Schuld geben sollen. Es ist wichtig zu wissen, dass Versuchung *niemals* von Gott kommt. Aber wie steht das im Verhältnis zu dem bekannten Vers aus dem „Vaterunser", der hierzu im Gegensatz zu stehen scheint?

> *... und führe uns nicht in Versuchung, sondern rette uns von dem Bösen!* (Mt 6,13).

Es ist wichtig zu wissen, dass hier die deutsche Übersetzung nicht richtig ist. Wenn wir die Stelle in verschiedenen anderen Übersetzungen nachschlagen, wird uns ein anderer Blick vermittelt. Hier nun eine der Übersetzungen, aus der uns klar wird, dass wir unseren Vater eben gerade darum bitten dürfen, uns in der Versuchung oder Verführung zu helfen.

> *Lass nicht zu, dass wir der Versuchung nachgeben, sondern erlöse uns von dem Bösen* (Mt 6,13 NLB).

Ursprünglich hat Satan mit seiner Versuchung bei Adam und Eva angefangen. Wie wir wissen, ist es ihm gelungen, sie damit zu verleiten. Sie konnten der Versuchung nicht widerstehen. Auch wissen wir, dass Jesus selbst von Satan versucht wurde, nämlich, als er sich vierzig Tage in der Wüste abgesondert hatte. Er ging nicht in die Wüste, um gegen den Teufel in den Kampf zu ziehen. Nein, er wollte die Intimität mit seinem Vater suchen. Doch er hat der Versuchung widerstanden.

> *Und als der Teufel* ***jede Versuchung*** *vollendet hatte, wich er für eine Zeit von ihm* (Lk 4,13).

Aber Jakobus geht sogar noch weiter. Offensichtlich probiert Satan, uns durch die Versuchung von der Intimität mit dem Vater fernzuhalten. Auch weiß er, dass wir über die Versuchung zur Sünde und danach dorthin kommen können, wo er uns so gerne haben möchte: zum Tod.

> *Danach, wenn die Begierde empfangen hat, gebiert sie die Sünde; die Sünde aber, wenn sie vollendet ist, gebiert den Tod* (Jak 1,15 LUT).

Daran sehen wir etwas sehr Wichtiges. Die Versuchung ist eine Strategie, um uns aus der Intimität mit Gott dem Vater herauszuziehen. Und dadurch landen wir in der Unabhängigkeit. Versuchung und Sünde sind also nicht der Kern oder das Ziel, sondern ein Mittel, über das der Teufel *sein* Ziel erreichen will. Versuchen wir, das zu verstehen. Versuchung und Sünde gehören zu Satans Strategie. Ihr Zweck ist, uns weit von Gott und damit vom Leben zu entfernen.

Die Strategie von Gott dem Vater

Jetzt, wo wir Satans Strategie kennen, ist es auch wichtig, Gottes Plan zu entdecken. Es kann gut sein, dass dies das Bild, das wir vom Vater haben, völlig verändern wird.

Den längsten Teil meines christlichen Lebens dachte ich, die Sünde sei das größte Problem. Verstehe mich nicht falsch, ich will die Sünde wirklich nicht verharmlosen. Aber ich möchte uns einen Denkfehler bewusst machen. Wenn unser Ziel ist, die Sünde zu überwinden, haben wir demnach unser Ziel erreicht, solange wir sie überwinden. Aber was ist, wenn wir dann doch sündigen? Dann haben wir unser Ziel nicht erreicht, oder? Der Denkfehler liegt darin, dass wir die Vermeidung von Sünde und Versuchung zum Ziel haben. Das ist aber kein Ziel. Sünde und Versuchung werden als *Mittel* benutzt, um uns von unserem Ziel abzuhalten. Das Ziel ist immer, in die Arme des Vaters kommen!

Gott der Vater sieht Versuchung und Sünde also als Hindernis für die Intimität mit seinen Kindern. Das ist etwas völlig anderes als ein Gott, der beabsichtigen würde, uns in dem Moment zu strafen, in dem wir mit Versuchung und Sünde in Berührung kommen. Nein, er möchte uns helfen. Er möchte es uns ermöglichen, in die Intimität mit ihm zu kommen. Darum gab er seinen Sohn. Das tat er für uns. Es ist Jesus, der fähig ist, unsere Sünde aus dem Weg zu räumen! Unser Vater wendet nicht das Gesetz an. Ihm geht es darum, unsere Beziehung zu ihm durch Gnade wiederherzustellen.

Doch das ist noch nicht alles. Am Anfang des Kapitels habe ich einen Abschnitt aus dem Jakobusbrief wiedergegeben. Dort steht, dass die Versuchung nie von Gott kommt. Im Vers davor steht etwas Wunderbares. Dort geht es um das, was Gott uns in dem Moment geben möchte, wenn wir die Versuchung durchstehen.

> *Selig ist, wer Anfechtung erduldet; denn nachdem er bewährt ist, wird er* ***die Krone des Lebens empfangen****, die Gott verheißen hat denen, die ihn liebhaben* (Jak 1,12 LUT).

Wie herrlich der Plan des Vaters doch ist! Die Versuchung kommt nie von Gott, aber er weiß, dass es Versuchung geben wird. Der Vater *benutzt* die Strategie Satans und kehrt sie um. Die Versuchung, die unseren Tod zum Ziel hatte, wird jetzt so vom Vater benutzt, dass es ausgerechnet das Leben ist, zu dem wir gelangen. Anstatt beim Tod zu enden, gelangen wir nun dorthin, wo er uns die Krone des Lebens gibt! Es geht sogar noch weiter. In der Offenbarung steht, dass er uns auch in der Versuchung helfen bzw. vor ihr bewahren möchte.

> *Weil du mein Wort von der Geduld bewahrt hast, will auch ich dich* ***bewahren*** *vor der Stunde der Versuchung, die kommen wird über den ganzen Weltkreis, zu versuchen, die auf Erden wohnen. Ich komme bald; halte, was du hast,* ***dass niemand deine Krone nehme!*** (Offb 3,10-11 LUT).

Er hat eine Krone für uns! Die können wir im Reich Gottes gut gebrauchen. Wie sieht dieser Gott, der sich so sehr danach sehnt, uns mit in die Intimität hineinzunehmen, die Sünde? Dazu möchte ich eine Bibelstelle zitieren, mit der ich selbst lange Zeit viel Mühe hatte.

> *Und wenn er gekommen ist, wird er die Welt* ***überführen von Sünde*** *und von* ***Gerechtigkeit*** *und von* ***Gericht****. Von Sünde, weil sie nicht an mich glauben; von Gerechtigkeit aber, weil ich zum Vater gehe und ihr mich nicht mehr seht; von Gericht aber, weil der Fürst dieser Welt gerichtet ist* (Joh 16,8-11).

Lange Zeit habe ich diese Verse unter dem Aspekt des Fehlverhaltens gelesen, und, daraus folgend, den Konsequenzen unseres Fehlverhaltens ... Mit anderen Worten: Wir haben ein Problem.

Aber was steht hier nun wirklich?

Jesus sagt, dass er den Heiligen Geist, den Tröster, senden wird. Er nennt ihn Tröster! Wir müssen uns klar machen, dass er uns ermutigen will, indem er diesen Namen benutzt! Dann sagt Jesus, dass der Heilige Geist uns von der Sünde überführen wird. Wie viele von uns denken jetzt sofort an die Strafe, die darauf folgen wird? Aber das ist überhaupt nicht, worum es hier geht.

Was geschieht aber, wenn wir diese Verse mit der Situation in Zusammenhang bringen, über die ich weiter oben gesprochen habe, nämlich mit der Situation, in der Petrus sich befand, kurz bevor Jesus zu ihm sagte: „Komm, folge mir nach."

> *Als aber Simon Petrus es sah, fiel er zu den Knien Jesu nieder und sprach:* ***Geh von mir hinaus! Denn ich bin ein sündiger Mensch, Herr*** (Lk 5,8).

Hier ist überdeutlich zu sehen, dass Petrus von der Sünde in seinem Leben überführt wird. Und so sollte es auch sein. Aber wie geht es weiter? Petrus wird nicht verurteilt, im Gegenteil!

Jetzt sagt Jesus zu ihm: „Komm, folge mir nach." In der *Passion*-Übersetzung steht dahinter noch: „... und ich werde dich verändern." Das ist interessant! Jesus ruft hier einen Sünder, ihm nachzufolgen! Petrus beginnt zu einem Zeitpunkt damit, Jesus nachzufolgen, als er noch nicht verändert war. Aber er ist bereits an dem Punkt angelangt, wo er erkennt, dass er – durch Gnade – Veränderung *braucht!!!*

Gerechtigkeit und Herrlichkeit

Jetzt kommen wir zu „Gerechtigkeit und Herrlichkeit". Es ist nicht Sinn der Sache, dass wir selbst versuchen, das Gute zu tun. Nein, Jesus ist der Gerechte, dem die Gerechtigkeit Gottes immer entspringt. Durch ihn empfangen wir diese Gerechtigkeit, und das befähigt uns, so zu herrschen, wie Gott es beabsichtigt hat. Es ist wichtig, das im Hinterkopf zu behalten, wenn wir uns anschauen, was Paulus den Menschen in Rom schreibt:

> *Denn wenn durch die Übertretung des einen der Tod durch den einen* ***geherrscht*** *hat, so werden viel mehr die, welche den Überfluss der Gnade und der Gabe der Gerechtigkeit empfangen, im Leben* ***herrschen*** *durch den einen, Jesus Christus* (Röm 5,17).

Hier werden die zwei verschiedenen Arten zu herrschen deutlich. Das Prinzip von Herrschaft ist, dass man dem Herrschenden untergeordnet oder von ihm abhängig ist. Das Herrschen oder Regieren von Gott dem Vater ist dem vollkommen entgegengesetzt. Der große Unterschied ist, dass der Vater uns die freie Wahl lässt, in die Position zu kommen, in der wir von ihm abhängig sind. So gibt er uns die Möglichkeit, ihm gleich zu sein. Und darum möchte er uns auch die Herrlichkeit geben, die er auch Jesus gegeben hat.

Und die Herrlichkeit, die du mir gegeben hast, habe ich ihnen gegeben, dass sie eins seien, wie wir eins sind ... (Joh 17,22).

Wenn es sich so verhält, dass Gott der Vater Jesus, seinen Sohn, für uns geopfert hat, und es so ist, dass er uns in dem Moment, in dem wir versucht werden, beistehen und uns helfen möchte, uns zu verändern, spielen wir in alldem dann überhaupt noch eine Rolle? Auf diese Fragen gibt Jesus seinen Jüngern eine klare Antwort, als er sich im Garten Gethsemane befindet.

*Und er kommt zu den Jüngern und findet sie schlafend; und er spricht zu Petrus: Also nicht eine Stunde konntet ihr mit mir wachen? **Wacht und betet, damit ihr nicht in Versuchung kommt!** Der Geist zwar ist willig, das Fleisch aber schwach* (Mt 26,40-41).

Mit „wacht und betet" möchte Jesus sagen, dass wir unseren Fokus klar auf den Vater gerichtet halten müssen. Im Originaltext ist zu lesen, dass er zuerst zu Petrus sagt: „Konntest du nicht eine Stunde lang wachen?" und danach verdeutlicht, dass es darum geht, das „Wachen und Beten" als einen Lebensstil zu entwickeln. Der Vater möchte uns gerne helfen, und er möchte dabei immer mit den Menschen zusammenarbeiten.

Die Krone

Wir haben nun gesehen, dass es immer noch Versuchung gibt, wenn wir Bürger des Reiches Gottes sind. Nur ist das Ergebnis nicht der Tod, sondern, im Gegenteil, die Krone des Lebens. Schauen wir uns diese Krone einmal näher an. Wozu dient sie?

Die Krone ist ein Symbol von Autorität. Sie zeigt, dass man zum Herrschen bestimmt ist. Da ist das Wort wieder: herrschen. Herrschen gehört zu Gott. Er ist der König aller Könige. Wir können lesen, dass Gott ein Herrscher über die Völker ist.

Denn dem HERRN [gehört] das Königtum, er herrscht über die Nationen (Ps 22,19).

In der Offenbarung steht folgender Vers:

Und er trägt auf seinem Gewand und an seiner Hüfte einen Namen geschrieben: König der Könige und Herr der Herren (Offb 19,16).

Aber wie verhält es sich mit den Menschen? Sollen auch wir „herrschen"? Tja, wenn wir ins 1. Buch Mose schauen, sehen wir, dass das schon von Anfang an Gottes Plan war.

Und Gott sprach: Lasst uns Menschen machen als unser Bild, uns ähnlich! ***Sie sollen herrschen*** *über die Fische des Meeres und über die Vögel des Himmels und über das Vieh und über die ganze Erde und über alle kriechenden Tiere, die auf der Erde kriechen!* (1 Mose 1,26).

Es ist natürlich nicht ohne Grund, dass so viele Menschen eine Abneigung gegen das Wort „herrschen" haben. Wenn man sich nämlich selbst eine Autoritätsposition anmaßt und herrscht, indem man Gott übergeht, handelt man nur eigennützig und missbraucht die Autorität. Dies wird als Dominieren bezeichnet und verletzt Menschen. Und leider haben viele in ihrem Leben Autoritätsmissbrauch erlebt. Aufgrund dieser negativen Erfahrung haben auch viele eine Abneigung gegen alles, was mit herrschen zu tun hat.

Das schönste Beispiel für das Herrschen auf Gottes Weise ist, dass Gott uns einen freien Willen gegeben hat. Dieser ist nicht dazu da, dass wir tun können, was wir wollen. Nein, er ist uns gegeben, damit wir unser Leben freiwillig hingeben. Das bedeutet, dass der Gott, der möchte, dass jeder in Abhängigkeit von ihm lebt, sich selbst abhängig vom Menschen gemacht hat, indem er ihm einen freien Willen gegeben hat ...

Knecht

Dieses Kapitel handelt vom Reich Gottes und unserem Funktionieren in diesem Reich. Unser großes Vorbild ist natürlich Jesus. Er weiß genau, was es heißt, im Reich Gottes zu leben. Er wurde Mensch, um uns zu zeigen, dass es uns möglich ist, hier auf der Erde tatsächlich am Reich Gottes teilzuhaben. Er hat es uns vorgelebt und sagt, dass auch wir es vorleben sollen. Einen der beeindruckendsten Verse dazu finden wir im Philipperbrief.

> *Habt diese Gesinnung in euch, die auch in Christus Jesus [war], der in Gestalt Gottes war und es nicht für einen Raub hielt, Gott gleich zu sein. Aber er entäußerte sich und nahm* ***Knechtsgestalt*** *an, indem er den Menschen gleich geworden ist, und der Gestalt nach wie ein Mensch befunden ...* (Philipper 2,5-7).

Hier sehen wir Jesus, der auf die Erde gekommen und Mensch geworden ist. Wir haben oben gelesen, was das ursprüngliche Ziel Gottes mit den Menschen war. Der Mensch wurde „nach seinem Bild, ihm ähnlich" geschaffen, damit er von dieser Position aus über die Erde herrschen kann. Jesus sagt uns genau dasselbe. Er erklärt, dass er aus sich selbst nichts tun kann, sondern nur das tut, was er den Vater tun sieht (vgl. Joh 5,19).

Waise – Sohn/Tochter – Sklave der Liebe (Knecht)

Aber Jesus geht noch weiter. Dadurch dass der Heilige Geist in uns wohnt, kann Jesus herrschen. Er ist wie Gott, trifft aber eine bemerkenswerte Wahl. Er sagt: Obwohl ich als Mensch auch Gott gleich bin, entscheide ich mich, nicht aus einer Position der Unabhängigkeit zu leben. Ich mache mich freiwillig abhängig von Gott, meinem Vater. Jesus ist bereits Mensch geworden, entscheidet sich als solcher aber trotzdem dazu, auch noch Knecht zu sein.

Nun hat es mit dem Wort „Knecht" aber noch was Besonderes auf sich. In der *Amplified*-Übersetzung wird es noch etwas spezifischer wiedergegeben. Nämlich mit dem englischen Wort bondservant. In 2. Mose 21 wird erklärt, was das bedeutet.

Wenn du einen hebräischen Sklaven kaufst, soll er sechs Jahre dienen, im siebten aber soll er umsonst frei ausziehen. Falls er allein gekommen ist, soll er [auch] allein ausziehen. Falls er Ehemann einer Frau war, soll seine Frau mit ihm ausziehen. Falls ihm sein Herr eine Frau gegeben und sie ihm Söhne oder Töchter geboren hat, sollen die Frau und ihre Kinder ihrem Herrn gehören, und er soll allein ausziehen. Falls aber der Sklave sagt: Ich liebe meinen Herrn, meine Frau und meine Kinder, ich will nicht als Freier ausziehen!, so soll ihn sein Herr vor Gott bringen und ihn an die Tür oder an den Türpfosten stellen, und sein Herr soll ihm das Ohr mit einem Pfriem durchbohren; dann soll er ihm für ewig dienen (2 Mose 21,2-6).

Was hier geschieht ist fast unglaublich. Jesus wurde Mensch, aber nicht nur das. Er entscheidet sich nun außerdem, sein Leben vollkommen in den Dienst des Vaters zu stellen. Um das auch wirklich deutlich zu machen, verwendet er das Beispiel eines *Sklaven,* man könnte sagen, eines Sklaven der Liebe. Jetzt ist die Frage: Will Jesus, dass wir Sklaven sind? Die Antwort darauf ist sowohl *ja* als auch *nein*. Die Betonung liegt nicht auf dem Sklave-Sein. Worum es hier geht, ist dein Herz. Liebst du Gott so sehr, dass du bereit bist, alles aufzugeben? Vertraust du ihm so sehr, dass du ihm dein ganzes Leben geben willst?

Paulus schreibt im Philipperbrief sehr treffend: *„Habt diese Gesinnung in euch, die auch in Christus Jesus war."* Das ist etwas, was in deinem Leben als Christ nicht automatisch vorhanden ist. Es ist ein Prozess, in dem du dich von einer Waise in einen Sohn bzw. eine Tochter des Vaters verwandelst. Dabei gibst du freiwillig deine Rechte auf, sodass du ihm als Sklave der Liebe dienen kannst.

Die Apostel der Urgemeinde hatten verstanden, worum Jesus sie bat. Hier einige Beispiele:

> *Paulus, **Knecht** Christi Jesu, berufener Apostel, ausgesondert für das Evangelium Gottes ...* (Röm 1,1).

> *Paulus und Timotheus, **Knechte** Christi Jesu, allen Heiligen in Christus Jesus, die in Philippi sind, samt den Aufsehern und Dienern ...* (Phil 1,1).

> *Simon Petrus, **Knecht** und Apostel Jesu Christi, denen, die einen gleich kostbaren Glauben mit uns empfangen haben durch die Gerechtigkeit unseres Gottes und Retters Jesus Christus, ...* (2 Petr 1,1).

> *Jakobus, **Knecht** Gottes und des Herrn Jesus Christus, den zwölf Stämmen, die in der Zerstreuung sind, [seinen] Gruß!* (Jak 1,1).

Paulus, Timotheus, Petrus, Jakobus .... Sie alle machen deutlich, dass sie sich entschieden haben, Jesu Knecht (bzw. Sklave) zu sein. Und Petrus ruft auch uns dazu auf, dieselbe Entscheidung zu treffen.

> *Denn so ist es der Wille Gottes, dass ihr durch Gutestun die Unwissenheit der unverständigen Menschen zum Schweigen bringt – als Freie und nicht als solche, die die Freiheit als Deckmantel der Bosheit haben, sondern als **Sklaven** Gottes* (1 Petr 2,15-16).

Sieht Gott der Vater seinen Sohn Jesus (und uns) als Sklaven? Nein, absolut nicht! Der Vater sieht Jesus als seinen geliebten Sohn. Als einen Sohn, der alles für ihn aufgibt. Und er sieht Jesus als das vollkommene Vorbild für uns.

Ein neuer Stil zu herrschen

Und nun kommen wir zum „Herrschen“, wie es von Gott gedacht ist. Dies ist ein völlig neuer Führungsstil. Vielleicht kennst du die Pyramide, die für das hierarchische Modell von Leitung steht. Darin ist der Leiter der „Chef“ und alle anderen sind Untergebene. Als Gegenreaktion entstand die umgekehrte Pyramide als Führungsmodell. Darin dient der Leiter all den anderen. Das scheint sehr biblisch zu sein, doch in erster Linie geht es nicht um das, was du tust, sondern um dein Herz.

Jesus war kein *Sklave* der Menschen. Er hat sich freiwillig dazu entschieden, ein Sklave der Liebe des Vaters zu sein. In völliger Abhängigkeit vom Vater gab dieser ihm den Namen über alle Namen: König der Könige und Herr der Herren.

> *Und Jesus rief sie zu sich und spricht zu ihnen: Ihr wisst, dass die, welche als Regenten der Nationen gelten, sie beherrschen und ihre Großen Gewalt gegen sie üben.* ***So aber ist es nicht unter euch****; sondern wer unter euch groß werden will,* ***soll euer Diener sein****; und wer von euch der Erste sein will,* ***soll aller Sklave sein****. Denn auch der Sohn des Menschen ist nicht gekommen, um bedient zu werden, sondern um zu dienen und sein Leben zu geben als Lösegeld für viele* (Mk 10,42-45).

Passion-Übersetzung

> *Ihr sollt nach einem anderen Modell leiten. Wenn jemand der Größte sein möchte, soll er leben wie einer, der berufen ist, anderen zu dienen. Der Weg zu Beförderung und Ansehen führt über das Herz eines Knechtes, der allen dient. Denn auch der Menschensohn ist nicht gekommen, um sich von allen bedienen zu lassen, sondern um allen zu dienen und sein Leben als Lösegeld für die Errettung vieler zu geben.*[1]

---

[1] *You are to lead by a different model. If you want to be the greatest one, then live as one called to serve others. The path to promotion and prominence comes*

Darum ist das Herrschen auf Gottes Art nur im *neuen Führungsstil* möglich. Das ist die Art von Leitung, nach der sich Gott sehnt. Eine Leitung, die sich nicht selbst dienen will. Leiter, die noch aus dem Waisendenken heraus handeln, sind nicht in der Lage, so zu regieren, wie Gott es vorgesehen hat.

> *Und er setzte sich, rief die Zwölf, und er spricht zu ihnen: Wenn jemand der Erste sein will, soll er der Letzte von allen und aller Diener sein* (Mk 9,35).

Jesus benutzte unter anderem die Fußwaschung als Vorbild für uns. Aus dem Führungsstil, den Jesus uns vorgelebt hat, ist es jetzt möglich, dass der Leib zur Reife heranwächst.

> *Der hinabgestiegen ist, ist derselbe, der auch hinaufgestiegen ist über alle Himmel, damit er alles erfüllte. Und er hat die einen als Apostel gegeben und andere als Propheten, andere als Evangelisten, andere als Hirten und Lehrer, zur Ausrüstung der Heiligen für das Werk des Dienstes, für die Erbauung des Leibes Christi,* ***bis*** *wir alle hingelangen zur Einheit des Glaubens und der Erkenntnis des Sohnes Gottes, zur vollen Mannesreife, zum Maß der [vollen] Reife der Fülle Christi. [Denn] wir sollen nicht mehr Unmündige sein, hin- und hergeworfen und umhergetrieben von jedem Wind der Lehre durch die Betrügerei der Menschen, durch [ihre] Verschlagenheit zu listig ersonnenem Irrtum. Lasst uns aber die Wahrheit reden in Liebe und in allem hinwachsen zu ihm, der das Haupt ist, Christus. Aus ihm wird der ganze Leib zusammengefügt und verbunden durch jedes der Unterstützung [dienende] Gelenk, entsprechend der Wirksamkeit nach dem Maß jedes einzelnen Teils; und [so] wirkt er das Wachstum des Leibes zu seiner Selbstauferbauung in Liebe* (Eph 4,10-16).

---

by having the heart of a bond-slave who serves everyone. For even the Son of Man did not come expecting to be served by everyone, but to serve everyone, and to give his life as the ransom price in exchange for the salvation of many.

Es ist von größter Wichtigkeit, dass der Apostel, der Prophet, der Evangelist, der Hirte und der Lehrer alle diesen Führungsstil praktizieren. Das Prinzip von Leitung wird dadurch vollkommen verändert. Vielleicht müssen wir uns fragen, ob wir überhaupt Leiter anstellen können. Leiter haben (in erster Linie) nicht die Aufgabe, für andere verantwortlich zu sein. Als Leiter bist du für dich selbst verantwortlich. Du sollst ein Vorbild sein. Ob du im Geist wandelst, wird nicht durch deinen Titel bestimmt, sondern hängt mit deinem Herzen zusammen und mit den Entscheidungen, die du triffst. Es ist wichtig, dass „Apostel" oder „Prophet" nicht deine Identität ist bzw. wird. Es ist fraglich, ob man uns im Himmel als Apostel, Prophet oder Evangelist kennen wird. Es scheint eher so, dass wir bereit sein müssen, unsere Aufgabe, Rolle und Funktion aufzugeben.

Die *Sohnschaft* ist das, worum es letztendlich geht. Dadurch wird das Reich Gottes tatsächlich Gestalt in dieser Welt annehmen, durch erwachsene Söhne und Töchter von Gott dem Vater.

**Autorität ist keine Frucht des Tuns,
sondern eine Frucht des *Seins*.**

Die gekippte Pyramide

Paulus sagt in Epheser 4,10-16, dass Leiter nötig sind, um den Leib aufzubauen. Dabei fällt auf, dass er auch davon spricht, dass diese Form von Leitung endlich ist. Das lässt sich am Wörtchen „bis" erkennen. Er sagt damit, dass die Zeit kommen wird, dass wir alle in einer Position sein werden, in der wir Gott kennen, wie er wirklich ist.

Diese Form der temporären Leitung kann durch eine auf der Seite liegende Pyramide dargestellt werden. Die Leiter gehen voran. Oft sind sie die Pioniere. Sie bahnen den Weg. Diejenigen, die dieses Vorbild sehen, können jetzt *freiwillig* entscheiden, diesen Leitern zu folgen. Sie werden auf keinerlei

Weise gezwungen, auch nicht, nachdem sie diese Wahl getroffen haben. Auch haben sie jederzeit die Möglichkeit, den Leiter oder die Gruppe zu verlassen. Gerade diese Freiheit ist es, die die Menschen anzieht, sich anzuschließen. Ein biblisches Beispiel wäre natürlich der verlorene Sohn. Der Vater versuchte in keiner Weise, ihn zu überreden, zuhause zu bleiben.

So werden wir gemeinsam in der Lage sein, die Sohnschaft in vollem Maß auszuleben. Alle als Sklaven der Liebe des Vaters, die einander lieben und dienen.

Und so gelangen wir am Ende dieses Buches wieder an den Punkt, mit dem wir begonnen haben:

Dein Reich komme.
Dein Wille geschehe wie im Himmel so auf Erden.

Zeit zum Nachsinnen

Niemand sehnt sich danach, schwere Zeiten durchzumachen. Trotzdem ist es gut, dir zu überlegen, ob du bereit bist, dein Leben dem Vater anzuvertrauen. Suche Momente, um ihn von Herz zu Herz kennenzulernen. Nur dann kannst du dein Leben dem anvertrauen, der dich kennt. Nur durch die eigene Erfahrung mit ihm weißt du, dass du ihm vertrauen kannst.

Ein Lied anhören

Hillsong United: *I Surrender (I want to know you more)*[2]

Here I am
Down on my knees again
Surrendering all
Surrendering all

---

[2] http://youtu.be/A4N2ausO6Sw

Find me here
Lord as You draw me near
Desperate for You
Desperate for You
I surrender
Drench my soul
As mercy and grace unfold
I hunger and thirst
I hunger and thirst
With arms stretched wide
I know You hear my cry
Speak to me now
Speak to me now
I surrender
I surrender
I wanna know You more
I wanna know You more
(2 x)
Like a rushing wind
Jesus breathe within
Lord have Your way
Lord have Your way in me
Like a mighty storm
Stir within my soul
Lord have Your way
Lord have Your way in me
Lord have Your way
Lord have Your way in me

Leseempfehlung

Ich habe überlegt, was ich hier am besten empfehlen kann. Schließlich kam ich auf diesen Vorschlag: Hol' dir was zu trinken und lies dieses Buch noch einmal ...

Zwei weitere Bücher von Henk Bruggeman

Das Herz des Vaters entdecken

Unsere Identität als Söhne und Töchter Gottes empfangen; 200 S., Paperback

Gott sehnt sich mehr denn je danach, seinen Kindern sein Vaterherz zu offenbaren. Er möchte, dass wir ihn nicht nur mit dem Kopf, sondern vor allem mit dem Herzen kennenlernen. Statt einer Distanziertheit soll eine innige Vertrautheit unsere Beziehung zu ihm prägen. Darüber hinaus möchte er uns aber eine neue Identität schenken: die Identität der Sohnschaft.

Diese Botschaft verändert nicht nur einzelne Menschen, sondern hat auch Folgen für die Struktur von Kirchen und Gemeinden. Das Beste ist aber, dass wir den Vater so kennenlernen werden, wie er wirklich ist. Dadurch entdecken wir mehr und mehr, wie wir als echte Söhne und Töchter Gottes leben können.

Eine Liebe ohnegleichen

... und wo du sie findest; 80 S., Taschenbuch

Es gibt jemanden, der uns unglaublich liebt! Jemand, der uns nie im Stich lässt!

Diese Person ist Gott, der unser Vater sein will. Aber was bedeutet das wirklich? Was müssen wir tun, damit er auch unser Vater wird?

Auf diese Fragen geht Henk Bruggeman in diesem Büchlein ein. Unser Leben wird sich völlig (zum Guten) verändern, wenn wir Gott so kennenlernen, wie er ist: ein Vater, der uns liebt, der uns seine Liebe und Freundschaft schenken will.

Wir werden wirklich wieder leben, wenn wir das entdecken. Henk Bruggeman lädt uns auf eine Entdeckungstour ein.

Ein Büchlein zum Selberlesen oder Weitergeben.

Phil Mason, Die Herrlichkeit Gottes und übernatürliche Transformation

Die geistlichen Prozesse der Herzensrevolution

Band 4 der Reihe „Übernatürliche Transformation"; 560 S.

Die große Verheißung des Neuen Testaments ist die einer übernatürlichen Verwandlung.

Egal, wie sündig oder kaputt unsere Vergangenheit war, Gott hat versprochen, unser Herz vollkommen zu verwandeln und zu heilen.

Die Begegnung mit der Herrlichkeit Gottes ist der Schlüssel für die Verwandlung unserer Herzen. Unser Vater bringt viele Söhne und Töchter zur Herrlichkeit, damit sie dieser Welt seine Herrlichkeit vor Augen führen!

Dr. Charity Virkler-Kayembe / Dr. Mark Virkler

Höre Gott durch deine Träume

Gottes Reden in der Nacht verstehen; 288 S., Pb.

In der Bibel finden wir sehr viele Beispiele für Gottes Reden durch Träume. Auch heute möchte er uns durch Träume wichtige Botschaften zukommen lassen. Doch beachten wir sie oft wenig oder wissen nicht, wie sie zu deuten sind.

Diesem Missstand möchte dieses Buches abhelfen. Die Autoren haben sehr viele Erfahrungen im Umgang mit Gottes Reden gesammelt. Das Buch ist ein praktischer, leicht verständlicher und biblischer Leitfaden, um die Sprache zu verstehen, die Gott in unseren Träumen benutzt.

James Goll

Die Gaben des Heiligen Geistes freisetzen

216 S., Paperback

Der Heilige Geist demonstriert Gottes übernatürliche Kraft durch seine Gemeinde heute, indem seine Herrlichkeit auf globaler Ebene freigesetzt wird. Alle Gaben Gottes sind immer noch voll funktionsfähig, und jeder einzelne Gläubige ist dazu bestimmt, im Fluss Gottes zu leben und seine Bestimmung zu erfüllen.

James Goll zeigt auf, wie der Heilige Geist durch die neun bekanntesten Geistesgaben wirkt und wie wir sie unter Gottes Leitung für die Erfüllung des Missionsbefehls einsetzen können.

Anhand vieler anschaulicher Beispiele aus der Bibel und aus der Gegenwart lernen wir, wie geistliche Gaben in der Praxis funktionieren. Aber es geht in diesem Buch nicht nur darum, wie man seine geistlichen Gaben entdeckt oder empfängt, sondern wie man sie freisetzt und weitergibt!

Für das vertiefte Studium ist ein Arbeitsbuch erhältlich.

Don Atkin, Wie der Vater, so der Sohn

Jünger machen nach dem Herzen Gottes; 192 S., Paperback

Wie können die Vaterlosigkeit und Waisenmentalität, die sowohl unsere Gesellschaft als auch weite Teile der Kirche/Gemeinde prägen, im Geist Christi überwunden werden?

Jesus, der vollkommene Sohn offenbarte Vater- und Sohnschaft als Weg unserer Bestimmung. Don Atkin zeigt auf, wie dadurch, dass natürliche und geistliche Väter – im Einklang mit dem Wirken des Heiligen Geistes – für Einzelne Verantwortung übernehmen, reife Söhne (und Töchter) hervorgehen. Weiter gibt er praktische Richtlinien zur persönlichen Jüngerschaft. Eine Pionierleistung auf diesem dringlichen Themenfeld.

Wayne Jacobsen

Die Gemeinschaft der Neuen Schöpfung

Wie wir sie finden und warum es noch so viel mehr gibt

272 S.; Paperback

Wenn Sie sich, wie viele andere, gefragt haben, ob die Gemeinde Jesu noch mehr sein könnte als die religiösen Institutionen, die wir nach 2000 Jahren vorfinden, werden Sie sich mit diesem Buch befassen wollen.

Gottes Gemeinde kann unmöglich durch menschliche Anstrengungen geformt und erhalten werden, sondern ist die Frucht einer neuen Schöpfung von Männern und Frauen, die jenseits menschlicher gesellschaftlicher Konventionen leben und ein Leben in Jesus teilen, das auch ihren größten Hunger stillt.

Thom Gardner, Liebe ohne Ende

Eine Offenbarung von Gottes Leidenschaft, Gegenwart und Herrlichkeit; 248 S., Paperback

Thom Gardner geht ganz praktisch der Frage nach, was Gottes Liebe ausmacht und wie diese Liebe unser Leben immer mehr durchdringen kann. Seine Liebe hat die Kraft, alle Hindernisse zu überwinden, die Folge unserer Verletzungen aus Beziehungen und unseres begrenzten menschlichen Verstandes sind.

Die „Wendepunkte" am Ende eines jeden Kapitels leiten Sie dazu an, die Leidenschaft Gottes zu spüren, seine Gegenwart zu erleben und seine Herrlichkeit zu sehen. Sie werden immer tiefer erfassen, dass Gottes Liebe für Sie in der Tat „ohne Ende" ist.

Ein von Liebe und Gnade bestimmtes Leben wird Ihnen ermöglichen, auch anderen immer mehr in Liebe und Gnade zu begegnen – selbst denen, die Sie verletzt haben.

Christoph Fischer, Der Weg eines Sohnes

Wie die Liebe des Vaters uns in unsere Identität und Berufung hineinführt; 112 Seiten, Pb.

Auf eine authentische, lebensnahe Art nimmt uns Christoph Fischer mit auf seine Reise zu einer innigen Beziehung zu Gott und in seine Berufung hinein. Dabei scheut er sich nicht, die Herausforderungen des Alltags ungeschminkt wiederzugeben und aufzuzeigen, wie wir als Sieger daraus hervorgehen können.

Eine praktische Anleitung, wie wir den Lügen des Teufels hinsichtlich unserer Identität und Berufung widerstehen und die Wahrheit Gottes ergreifen können.

Blake K. Healy, Durch den Schleier sehen

Eine Einladung in die unsichtbare Welt; 176 S. Paperback

Blake K. Healy sieht Engel und Dämonen seit seiner Kindheit – und zwar so klar wie natürlich sichtbare Dinge. Er sieht zum Beispiel Engel in Anbetungsgottesdiensten tanzen und Ermutigungsworte in die Ohren von Menschen flüstern, doch genauso sieht er auch Dämonen, die sich an Leute heften und so Abhängigkeiten, Lügen und Bitterkeit in deren Herzen und Gedanken aufrechterhalten.

In diesem Buch erzählt er einige dieser Begegnungen und wie er in dieser Gabe reifte und dabei die Angst und Verwirrung über die Dinge, welche er sah, überwand. Und ebenso, und wie er lernte, die Gabe des Sehens zu Gottes Verherrlichung zu nutzen und andere darin zu lehren.

„Ich wollte nicht, dass dieses Buch jemals endet!" (Bill Johnson)

Blake K. Healy, Unzerstörbar

Führe deine geistlichen Kämpfe aus der Perspektive des Himmels; 192 S., Pb.

Welche Fallen und Taktiken wenden Dämonen an, und wie können wir diese meiden?

Blake K. Healy kann schon seit seiner Kindheit Engel und Dämonen sehen. Dieses Buch fasst zusammen, was er in über dreißig Jahren über die Pläne des Feindes und ebenso die des Himmels gelernt hat.

Wir lernen, wie wir die Komplotte, Pläne und Lügen des Feindes aufdecken und abwehren können und gleichzeitig die Pläne des Himmel vorantreiben können.

Sein Hauptanliegen ist dabei, dass wir den geistlichen Kampf nicht aus eigener Kraft, sondern aus der Perspektive des Himmels führen, und ein Leben aufbauen, das unzerstörbar ist.

Dann können wir in unserem Umfeld – unserem Wohnviertel, unseren Schulen, Städten und Ländern – zu einem Leuchtfeuer der Herrlichkeit Gottes werden.

Barry & Lori Byrne, Liebe in der Ehe

Eine tiefere geistliche, emotionale und körperliche Einheit erleben; Vorwort von Bill Johnson; 334 S., Klappenbroschur

Gott möchte, dass die Ehe ein Ort echter Liebe und Vertrautheit ist. Dafür brauchen wir die Hilfe des Heiligen Geistes. Mit ihm können wir die Ursachen unserer Konflikte erkennen und überwinden. Unsere Ehe kann Heilung und Wiederherstellung erfahren, egal, wie der momentane Zustand ist.

Mit klarer biblischer Lehre und vielen praktischen Hilfen packen die Autoren die wichtigsten heißen Eisen an. Viele ermutigende Erfahrungsberichte verdeutlichen die dramatische Heilung und Intimität, die mit Gottes Hilfe möglich ist.

Larry Crabb, Orte der Geborgenheit und Heilung

Auf dem Weg zu authentischen geistlichen Gemeinschaften

280 S.; Paperback

In diesem bahnbrechenden Buch stellt uns Larry Crabb ein inspirierendes Bild vor Augen, was Kirche bzw. Gemeinde, ja auch jede Ehe, Familie und Kleingruppe eigentlich sein könnte: eine echte geistliche Gemeinschaft – ein Ort, an dem nicht erwartet wird, dass man schon eine gewisse Perfektion erreicht hat, sondern an dem Menschen sich miteinander auf den Weg zu Gott machen, ein Ort, an dem Gott Menschen heilen kann und an dem sie wieder miteinander in Verbindung kommen und letztlich auch mit ihm.

Danny Silk, Erziehung mit Liebe und Vision

Herzensbeziehungen eingehen statt Machtkämpfe austragen

Vorwort von Bill Johnson; 170 S., Pb.

Danny Silk fordert uns in unserem bisherigen Denken über Liebe, Disziplin und Respekt, ja in unserer generellen Vorstellung von Kindererziehung heraus. Er stellt eine Denk- und Lebensweise vor, die eine Leichtigkeit und Frieden in unsere familiären und sonstigen Beziehungen bringt.

Unser Herz spielt dabei die zentrale Rolle. Das Herz der Eltern und das Herz der Kinder. Wenn beide Seiten verstehen, wie sich ihr jeweiliges Verhalten auf das Herz des anderen auswirkt, werden die Herzen geschützt und Beziehungen können gedeihen.

Bestellen Sie im Buchhandel oder direkt bei:

GloryWorld-Medien | Beit-Sahour-Str. 4 | D-46509 Xanten
Fon: 02801-9854003 | Fax: 02801-9854004 | info@gloryworld.de

Aktuelles, Leseproben, Downloads & Shop: **www.gloryworld.de**